JILPT 資料シリーズ No.215
2019年5月

生涯現役を見据えた
パラレルキャリアと社会貢献活動
―企業人の座談会（ヒアリング調査）から―

独立行政法人　労働政策研究・研修機構
The Japan Institute for Labour Policy and Training

ま え が き

　高齢社会が本格到来し、65 歳以降も社会において活躍し続けたいと願う高齢者が増えている。本研究は「人生 100 年時代」を見据え、雇用や賃労働で働くことを超えて、社会貢献活動も「就労」の視野に入れながら、人生の最終期においても生きがいを感じることが出来る生涯キャリアをいかに作るかを考えていくものである。

　本報告書は、研究期間初年度に企業に勤める従業員に対し、自身のキャリアとボランティアや社会貢献活動の関わりについて座談会形式で調査した内容を収録している。

　本調査は、大手商社と大手金融機関の協力を得て、65 人の社員から聞き取りを行っている。調査は企業人のボランティア活動に主眼をおいているが、根底にあるテーマは生涯キャリアであり、いかに自分らしいキャリアを作っていけるのかということにある。折しも働き方改革が実行され、長時間労働から脱却しつつある職場は、少し風通しが良くなり、こういったことも考えられるような雰囲気になってきているようである。

　まずは調査にご協力いただいた 2 つの企業と、調査をセッティングしてくださった担当者、および、忙しい業務の合間に調査に参加してくださった社員の方には深く感謝申し上げたい。

　本調査での知見は、2018 年度に実施されたアンケートの調査設計に活かされている。

　本報告書が今後の社会生活やキャリアを考える上で、企業の人事、CSR 担当者、政策担当者をはじめ、NPO や社会貢献活動に携わる人々の参考になれば幸いである。

2019 年 5 月

独立行政法人　労働政策研究・研修機構
理事長　　樋　口　美　雄

執筆担当者（執筆順）

氏名	所属		担当
小野　晶子 （おの　あきこ）	労働政策研究・研修機構	主任研究員	第1章、第2章1～4、 第4章
古俣　誠司 （こまた　せいじ）	労働政策研究・研修機構	アシスタントフェロー	第2章5、資料編
田中　弥生 （たなか　やよい）	芝浦工業大学	特任教授	第3章、第5章

目　次

第1章　問題の所在と研究の目的 1

はじめに 1

1. 高齢期の生活と社会貢献活動 2

2. 企業人と「パラレルキャリア」 6

3. 課題と研究展望 8

第2章　調査概要 9

1. 調査目的 9

2. 調査対象企業と参加者について 9

3. 調査概要 9

4. 質問の内容 10

5. 企業・年齢階層グループ別にみたヒアリング調査要旨 10

　(1)　A社 35歳未満グループ 10

　(2)　A社 35-44歳グループ 11

　(3)　A社 45-54歳以下グループ 11

　(4)　A社 55歳以上（男性）グループ 12

　(5)　A社 55歳以上（女性）グループ 13

　(6)　B社 35歳未満グループ 14

　(7)　B社 35-44歳グループ 14

　(8)　B社 45-54歳グループ 15

　(9)　B社 55歳以上（男性）グループ 15

　(10)　B社 55歳以上（女性）グループ 16

第3章　定年退職後への不安の所在 17

1. 多くの人々が抱える退職後の不安 17

2. 古くて新しい「退職後の不安」 17

　(1)　40年前に提示された退職の危機 17

　(2)　「人生100年時代」の不安 18

　(3)　古くて新しい退職後ライフへの危機感 19

3. ヒアリングで出された「退職後に関する意見」 19

　(1)　退職後の不安 19

　(2)　不安の理由 20

　(3)　退職後を意識しはじめる年齢 22

（4） 不安を感じていない理由 22

（5） 退職後のおおまかなプランについて 22

4. 小括　〜ヒアリングから見えた「退職後の不安」と「漠然としたプラン」〜 24

第4章　調査からの知見と考察 25

1. ボランティアや社会貢献活動の経験 25

（1） ボランティアや社会貢献活動の経験割合 25

（2） 経験したボランティアや社会貢献活動の種類 25

2. ボランティアや社会貢献活動に参加したきっかけ 32

（1） 「環境」 32

（2） 「誘い」 34

（3） 「経験、共感、恩返し」 35

（4） ボランティア参加のきっかけを作ることについての小考 36

3. ボランティアや社会貢献活動から得られたもの 37

（1） 充足、やりがい 37

（2） 仲間、つながりの拡大 39

（3） 経験値の拡大 39

（4） 仕事やキャリアに役立つ 41

（5） その他（子供に活動をみせることができる） 42

4. ボランティアや社会貢献活動を阻害する理由とハードル 43

（1） 忙しい、時間がない 43

（2） 負担が大きい 44

（3） 対価がない 45

（4） 地域にない 45

（5） 情報がない 45

（6） 印象が悪い 46

（7） ボランティアが身近ではない 46

5. 希望するボランティアや社会貢献活動の種類 47

6. パラレルキャリアと定年退職後の生活のイメージ 49

（1） 55歳以上のグループ 50

（2） 55歳未満のグループ 50

7. 会社での支援策 53

8. まとめ：ヒアリング調査からの知見 59

第 5 章　望まれる方向性と今後の調査課題 62

  1.　全体研究の目的と本ヒアリング調査の位置づけ 62

  2.　ヒアリング調査で明らかになった点 62

    （1）　退職後不安 62

    （2）　社会貢献活動/ボランティア 62

  3.　アンケート結果に基づく仮説とアンケート調査への示唆 63

  4.　その他：アンケート調査以降の展開と留意点 65

資料編 67

  A 社座談会　35 歳未満グループ 69

  A 社座談会　35−44 歳グループ 81

  A 社座談会　45−54 歳グループ 90

  A 社座談会　55 歳以上（男性）グループ 98

  A 社座談会　55 歳以上（女性）グループ 106

  B 社座談会　35 歳未満グループ（抜粋）................................... 116

  B 社座談会　35−44 歳グループ（抜粋）................................... 118

  B 社座談会　45−54 歳グループ（抜粋）................................... 120

  B 社座談会　55 歳以上グループ　男性（抜粋）............................. 122

  B 社座談会　55 歳以上グループ　女性（抜粋）............................. 124

第1章 問題の所在と研究の目的

はじめに

　高齢社会が本格到来し、65歳以降も社会において活躍し続けたいと願う高齢者が増えている。英国ロンドンビジネススクールのリンダ・グラットン教授が著書『LIFE SHIFT』の中で「人生100年時代」を説き、日本語版の序文の中で「2007年に日本で生まれた子どもの半分は、107年以上生きることが予想される。いまこの文章を読んでいる50歳未満の日本人は、100年以上生きる時代、すなわち100年ライフを過ごすつもりでいたほうがいい」と語っている。これからの人生、100歳まで生きるとして、60歳で定年退職を迎えたとしたら、まだ人生の道半ばなのだ。「余生」として過ごすにはあまりにも長い。

　本研究は「人生100年時代」を見据え、雇用や賃労働で働くことを超えて、社会貢献活動も「就労」の視野に入れながら、人生の最終期においても生きがいを感じることが出来る生涯キャリアをいかに作るかを考えていくものである。本報告書は、研究期間初年度（2017年度下期）に企業に勤める従業員に対し、自身のキャリアとボランティアや社会貢献活動の関わりについて座談会形式で調査した内容を収録している。

　実は、この研究に先立ち、JILPTでは2012年に『高齢者の社会貢献活動に関する研究』（労働政策研究報告書 No.142）や、『NPOの就労に関する研究』（労働政策研究報告書 No.183、2016年）を公表しており、その中で、定年退職後からボランティア活動を始める人よりも、現役で働いている頃から携わっている人の方が、高齢期での関わり方が深くなることを指摘していた。つまり、スムーズにセカンドキャリアに軸足を移していくには、なるべく早い段階から行動することが重要なのだ。

　現役時代から、来るセカンドキャリアを見据えて準備するとなると、助走時期が必要になる。ピーターF.ドラッカーが著書『明日を支配するもの―21世紀のマネジメント革命』（上田惇生翻訳、ダイヤモンド社、1999年）の中で「第二の人生を始める方法」として「パラレルキャリア」を提唱しており、これは本業の仕事の他に、NPOなどの非営利活動で働くことにより、会社や家庭とは別の「もう一つのコミュニティ」を持ち、より広い視野や経験、より精神的に豊かな生き方が出来るという考え方である。

　一方、1990年代以降の経済不況の中、日本的雇用の崩壊が言われ始め、所属する会社組織も普遍的な存在ではないことを、就職氷河期を経験した労働者は気づいている。会社組織よりも自身の方が長命になる可能性は高く、自身のキャリアは一つの会社に依存して作られるのではなく、自分でデザインしていくしかないという認識に変りつつある。そのような時代の流れの中、副業や兼業禁止規定を緩和する企業も増えてきているが、余力があるなら本業の仕事をしろ、あるいは次の仕事のために休息にあてろ、という風潮がまだ色濃くあることも事実だろう。しかし、「パラレルキャリア」は、ボランティアや社会貢献活動への道筋を

－1－

つけるということだけではなく、職業キャリアの形成にもつながるのであればどうだろうか。

　とはいえ、ボランティアや社会貢献活動に興味はあるものの、どこにいけばいいのか、どういった非営利活動や NPO がいいのかがわからず、二の足を踏んでいる人は多いだろう。他方、NPO も玉石混淆の印象は否めない。NPO には財政や人的資源も脆弱な組織が多い。慢性的に人手不足、後継者不足に悩まされているにも関わらず、ボランティア等のマネジメントや受け入れ体制が整っていない、ボランティアと事業をうまくマッチングさせるノウハウがないといった問題点も散見される。

　では、企業人が NPO、地域社会、非営利活動に出会うきっかけを作り、パラレルキャリアを経て、生涯をより豊かに過ごせるようになるためには、企業や社会、そして当事者はどうすればよいのだろうか。

　本報告書の構成は以下のとおりである。まず、本章ではこの後、高齢者の生活の現状と、高齢期の社会貢献活動についての先行研究からの知見を述べる。また、本研究の鍵となる視点を与えてくれている「パラレルキャリア」という考え方に言及する。第 2 章では調査方法と概要について述べ、第 3 章で定年退職後の不安について調査結果を踏まえつつ論考する。その上で、第 4 章では調査から見えた知見について述べ、考察したい。最後に第 5 章で研究の今後の方向性と課題を示したい。

1.　高齢期の生活と社会貢献活動

　壮年期から高齢期に入ると人々の生活はどのように変化するのだろうか。

　平成 28 年の「社会生活基本調査」（総務省）から、第 1-1 図は 40-44 歳の壮年期男性、第 1-2 図は 65-69 歳の高齢期男性、第 1-3、4 図は同年齢階層の女性の生活時間を 24 時間でみている。

　まず、第 1-1 図の男性の生活時間の変化をみてみよう。40-44 歳の壮年期の男性は極端に仕事が占める面積が大きい。休養、くつろぎの時間も日中は昼食時のみで、テレビやラジオ等の視聴も夕方から夜にかけてのみである。これが、65-69 歳になると劇的に変化するのが見て取れる。当然、仕事をリタイアする人が増えるので、仕事の時間は減るが、その分増加率が高いのは、白色の部分のテレビやラジオの視聴をしている人の割合である。これが午前中から午後にかけての日中、夜も面積が激増する。趣味や娯楽の時間に割く割合も増えるがテレビやラジオの視聴ほどではなく、ボランティアや社会貢献活動に割いている人もそれほど多くないことがわかる。

—2—

第1-1図　男性40-44歳の生活時間（平成28年「社会生活基本調査」総務省）
（40-44歳、n=4,973）

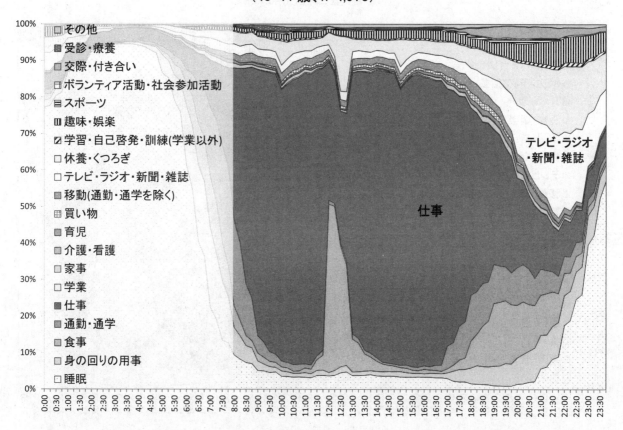

第1-2図　男性65-69歳の生活時間（平成28年「社会生活基本調査」総務省）
（65-69歳男性、n=6,923）

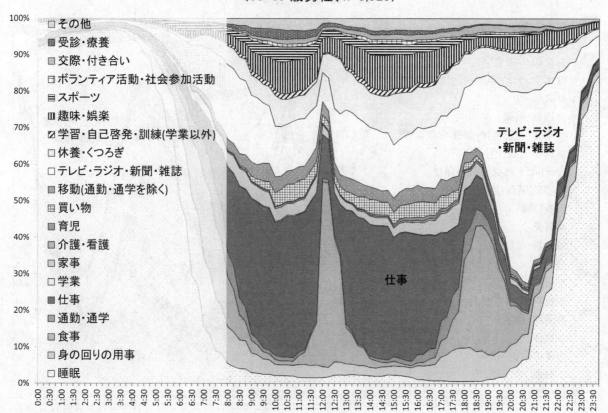

第1-3図　女性40-44歳の生活時間（平成28年「社会生活基本調査」総務省）

（40-44歳女性、n=5,268）

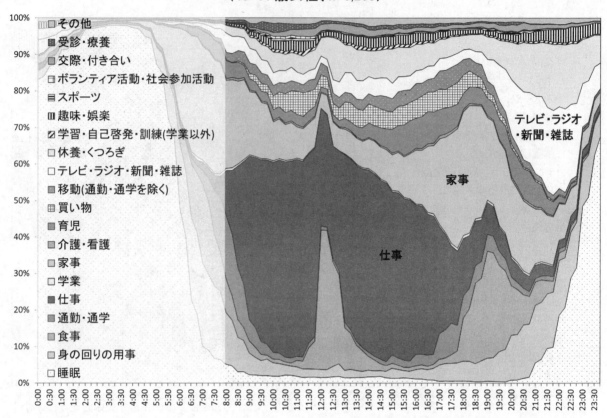

第1-4図　女性65-69歳の生活時間（平成28年「社会生活基本調査」総務省）

（65-69歳女性、n=7,455）

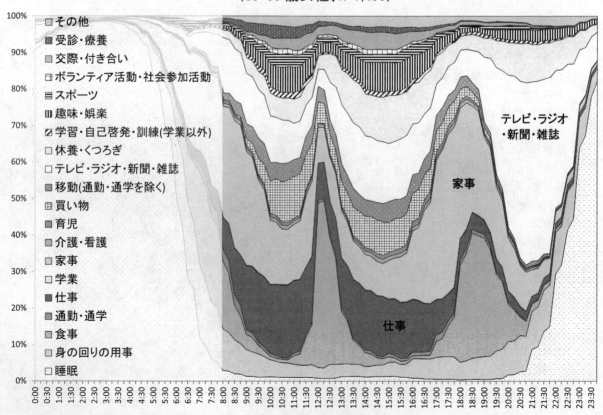

第1-5図　男性無業者60-64歳の生活時間（平成28年「社会生活基本調査」総務省）
（60-64歳男性、n=1,058）

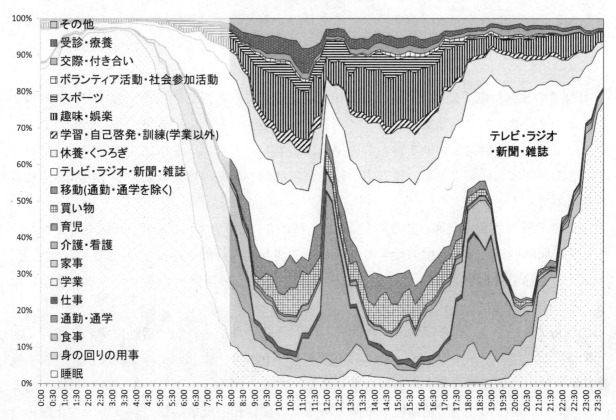

　第1-3、4図の女性の場合は、家事が占める割合が多いことは、壮年期、高齢期を通じて変らない。これをみると、男性ほどには劇的に高齢期になって生活時間が変化する人が多くないと推測される。とはいえ、男性は仕事、女性は家庭という社会認識は徐々に変化しつつあり、男性も女性も仕事を持つことが当たり前になる時代においては、女性もまた、高齢期に仕事を退職した後、どのような生活になっていくかに想像を巡らせる必要はあるだろう。

　ところで、第1-5図は、60-64歳の男性無業者の生活時間を示したもので、リタイア後の高齢者の1日の過ごし方が垣間みれる。仕事に費やしていた時間の多くが、テレビやラジオを視聴することに費やされており、ボランティア活動や社会参加活動の割合はそれほど増えているわけではない。テレビ、ラジオを視聴すること自体が悪いわけではないが、やはり生活の中心はそれらよりも、コミュニティの中で充実した社会生活を送ることが望ましいだろう。

　労働政策研究・研修機構の過去の研究『高齢者の社会貢献活動に関する研究』（労働政策研究報告書No.142、2012年）において、社会貢献活動やボランティア活動などで70歳を過ぎてなお活躍している人達の活動を始めた時期について論じているが、多くの人は40〜50歳代から本業とパラレルで活動していることがわかっている。

　JILPT（2012；浦坂論文）から、就業と社会貢献活動の関係をみると、就業と共に充実し

た社会貢献活動を展開している少数層と、就業一辺倒で活動には関心の低い多数層に大別され、前者は若い頃から長きにわたって様々な活動に取り組んでおり、就業しながら社会貢献活動も手掛けて行くという「補完関係」にあり、定年後の「アクティブ度」も高い。一方、定年後から活動に携わる場合は、全般的に「アクティブ度」は下がり、密度の薄い取り組みになる。

　高齢者の社会貢献活動は、実態として60歳を過ぎてから活動する者が多いが、高齢期の生活をいきいきとアクティブに過ごしている者をみると、定年後に就業の代替活動として始めるのではなく、就業している時から補完的に活動し、リタイアを機に活動が深まっていくという形が望ましい。より早い段階での社会貢献活動への参加は、高齢期の生活満足度を高めるものであるといえよう。

　上記の分析をさらに発展させたのがJILPT（2016；梶谷論文）であり、高齢者のセカンドキャリア展開の観点から活動開始年齢と活動への関与度の分析を行っている。これによると、活動開始年齢を60歳から55歳にすることで、65歳時点の活動への関与の確率が2倍になることが明らかになっている。

　これらのことから、定年退職前の時間的制約がある時期からいかに活動に関わっていくかが課題になってくる。ボランティア休暇の拡充やNPO等団体との人材交流など、企業の社会貢献活動への取組み姿勢や推進策も重要になってくるだろう。また、都市部の男性高齢者においては、地方に比べて地域性が希薄であるために、社会貢献活動のきっかけさえ掴めない状況にある。会社中心の生活から、コミュニティに戻っていく段階の手助けを在職中から行っていく必要性があるだろう。長年に亘って蓄積された職業能力が社会で活かされ、本人も充実した時間を過ごせるようになるためにもNPO等の団体とボランティアをいかにマッチングさせるかが課題である。

2. 企業人と「パラレルキャリア」

　本研究は「パラレルキャリア」をキーワードとしている。「パラレルキャリア」はドラッカー（1999）において提唱されたものであり、本業とは別に「非営利活動」をすることを指している[1]。つまり、ドラッカーがいうところの「パラレルキャリア」は、金銭的報酬がある副業ではない。よって本研究でも、「パラレルキャリア」はあくまでも非営利活動に限定したい。

　「パラレルキャリア」については、ドラッカー（1999）の「自らをマネジメントする」（第6章）に書かれているのだが、そこでは、人間のほうが組織よりも長命になったことでキャリアやマネジメントが変わってくること、現代社会において人は「第二の人生」を自ら設計することが必要となることを指摘している。つまり、これまで会社任せになりがちであったキャリア形成を「第二の人生」に乗せていくために自ら動いていかねばならないということ

---

[1] ドラッカー（1999）、p.227。

になる。その「第二の人生」に今の人生をつなげていくために、1つの方法として「パラレルキャリア」を推奨しているのである。そして、重要なこととして、「第二の人生をもつには、1つだけ条件がある、本格的に踏み切るはるか前から、助走していなければならない」(p.229)と指摘している。

　一方、企業にとって、パラレルキャリアはどのような意味を持ち得るのだろうか。ドラッカーは「非営利組織でボランティアとして働くことは第二の人生の準備として重要なだけではない。外の世界の情報を得るためにも同じように重要である。すなわち、外の世界の人たち、他の職業の人たち、違う種類の人たち、別の知識、価値観、視点の人たちが、どのように世界を見、行動し、反応し、意思決定をするかを知ることができるからである。」(p.156)と述べている。これと同様のことが本調査からも明らかになっているが、会社外の人々との人材交流によりボランティア活動をした多くの人が、視野が広がるなどの良い刺激を受けている。

　ドラッカー（1999）は、先進国においては知識労働者の数が増え、その生産性を高めることが中心課題になると指摘している。知識労働者のマネジメントについて「これからはボランティアのようにマネジメントしなければならない。彼らには組織を移る力がある。実際に辞められる。知識という生産手段をもっている」とし、「動機づけ、とくに知識労働者の動機づけは、ボランティアの動機づけと同じである。周知のように、ボランティアは、まさに報酬を手にしないがゆえに、仕事そのものから満足を得なければならない」と述べている。マネジメントの方法論としてもボランティア活動から学ぶことは多い。

　このように社会貢献活動やボランティア活動は、社会への奉仕活動である一方で、一方向的なギブではなく、参加した本人や企業にとっても、金銭的に表すことが出来ないが、目に見えない部分でのテイクもあるといえるだろう。

　上記のように書くと、邪な動機による社会貢献活動やボランティア活動はよろしくないと思われる人もいるかもしれない。しかし、社会貢献活動やボランティア活動の参加動機は、利他的動機と利己的動機に大別され、人は利他的動機と同時に利己的動機も持ちつつボランティアや寄付をすることが理論的にも裏付けられている（Andoreoni.J（1989）、（1990））。むしろ利己的動機で動く人の方が、何を欲しているのか、その満足度を高めれば継続してボランティアをしてくれることもあり、マネジメントしやすいという利点もある[2]。人や社会の役に立って、かつ自身も何か精神的に得られるものがあるというのは理想的な活動の姿かもしれない。

---

[2] 利他的動機を持つ人は、周りの行動に注目しながら自身の行動を決定する（ナッシュ推測）。つまり全体が満たされたと判断すると、本人は退出するためコントロールしにくい。

3. 課題と研究展望

本報告書で取り上げる座談会形式のグループヒアリング調査は、研究全体の中での最初の足がかりとなる調査である。これにより、企業で勤める人が自身の生涯キャリアや社会貢献活動やボランティアについてどのように考え、どうしたいと思っているのかを明らかにする。これらの知見を元に、大量アンケート調査の設計を行う。

これらの調査についてのフィードバックから、実際に協力企業において社会貢献活動やボランティア活動を推進し、自社社員をマッチングし観察するという実験的研究を目指したい。

参考文献

Andoreoni.J (1990) "Impure Altruism and Donations to Public Goods: A Theory of Warm-Glow Giving", *The Economic Journal*, Vol. 100, No. 401, pp. 464-477.

―― (1989) "Giving with Impure Altruism: Applications to Charity and Ricardian Equivalence", *Journal of Political Economy*, vol. 97, No. 6, pp.1447-1458.

JILPT (2012)『高齢者の社会貢献活動に関する研究―定量的分析と定性的分析から―』、労働政策研究報告書 No.142。

JILPT (2016)『NPO の就労に関する研究―恒常的成長と震災を機とした変化を捉える―』労働政策研究報告書 No.183。

リンダ・グラットン、アンドリュー・スコット (2016)『LIFE SHIFT』（池村千秋翻訳）東洋経済新報社。

ピーター・ドラッカー (1999)『明日を支配するもの―21 世紀のマネジメント革命』（上田惇生翻訳）ダイヤモンド社。

第 2 章　調査概要

1.　調査目的

　本ヒアリング調査の目的は、企業人のボランティア意識と実態、パラレルキャリアの可能性を探ることである。また、これにより 2018 年実施のアンケート調査設計のための仮説、アウトラインを見いだすことである。

2.　調査対象企業と参加者について

　本ヒアリング調査は調査協力企業 2 社において座談会形式（グループヒアリング）で行った。調査協力企業は、大手商社 A 社、大手金融機関 B 社である。いずれも従業員 1 万人以上を有している。両企業の社会貢献や CSR を担当する部署の協力を得て、ヒアリング参加者を募集してもらっている。

　ヒアリング参加者は年齢階層別に 5〜9 名、各社 5 グループで構成した。年齢階層グループは、①35 歳未満男女、②35〜44 歳男女、③45〜54 歳男女、④55 歳以上男性、⑤55 歳以上女性とし、55 歳以上のグループは男女別にヒアリングしている。本研究の目的とする生涯キャリアを強く意識する年齢が 55 歳以上の定年退職まで数年と迫った時期だろうと想定し、この年齢階層については深く掘り下げる必要があると考えた。

3.　調査概要

　ヒアリングに参加した人数は、65 名（A 社 30 名、B 社 35 名）であった。調査は、就業時間中に 2 時間程度時間を得て、各グループ 1 回ずつ、計 10 回実施した。調査日等内訳は第 2-1 表の通りである。男女比、ボランティア経験者の割合、ボランティア希望の割合は以下のようになっている。

　男女比
　　　　A 社　男性 14 名、女性 16 名（約 5：5）
　　　　B 社　男性 20 名、女性 15 名（約 6：4）
　ボランティア経験者の割合
　　　　A 社　25 名（約 8 割）
　　　　B 社　13 名（約 4 割）
　ボランティア希望の割合
　　　　A 社　26 名（約 9 割）
　　　　B 社　21 名（約 6 割）

なお、調査対象者は文中では記号化して表記している。企業、年齢階層グループを頭として、ハイフン以下は発言順にA〜人数分のアルファベットを順に配している。また、オーラルレコードを巻末資料に収録している。

第 2-1 表　調査実施の記録

調査日	企業	グループ	人数	事例表記	調査者
2017年11月24日	A社	45-54歳男女	6名（男4名、女2名）	A45-A〜F	田中・小野・古俣
2017年12月8日	A社	35-44歳男女	6名（男2名、女4名）	A35-A〜F	小野・古俣
2017年12月20日	A社	55歳以上男	6名	A55m-A〜F	田中・小野
2018年1月15日	B社	35歳未満男女	7名（男5名、女2名）	B25-A〜G	田中・小野・古俣
2018年1月22日	B社	35-44歳男女	9名（男5名、女4名）	B35-A〜I	田中・小野・古俣
2018年1月24日	B社	45-54歳男女	7名（男3名、女4名）	B45-A〜G	田中・小野
2018年2月9日	A社	55歳以上女	6名	A55f-A〜F	田中・小野・古俣
2018年2月14日	B社	55歳以上女	5名	B55f-A〜E	田中・小野・古俣
2018年2月19日	B社	55歳以上男	7名	B55m-A〜G	小野・古俣
2018年3月6日	A社	35歳未満男女	6名（男2名、女4名）	A25-A〜F	田中・小野・古俣

4. 質問の内容

　座談会形式のヒアリング調査では、あらかじめ両企業の担当部門を通じて事前調査票（名前、年齢、入社年、職種歴、社会貢献活動実績有無、希望等）を調査参加者に送ってもらい記入してきてもらった。座談会時には、調査票を参照しながら話を聞いた。

　座談会時は自己紹介や現在の働き方と共に以下のような質問内容を聞いた。

- ・ 社会貢献活動やボランティア活動への関心について
- ・ 社会貢献活動やボランティア活動経験、きっかけ、影響、参加希望について
- ・ 社会貢献活動やボランティア活動経験がない場合、その理由について
- ・ 定年後の働き方やパラレルキャリアについて
- ・ 社会貢献活動やボランティア活動推進への支援策、施策のアイデアについて

5. 企業・年齢階層グループ別にみたヒアリング調査要旨

(1) A社35歳未満グループ

- ・ 会社以外に人とのつながりを持ちたい、凝り固まらないようにいろんな組織に属したいという意図で、ボランティアを含む社外活動に興味を持っている。
- ・ 社会貢献を意図したわけではないが、結果的に社会貢献となる場合もある。

- マラソンのボランティアでポイントがつき、他のマラソン大会に参加できる仕組みのようなものがシステムとして応用できれば。
- 平日に少しの時間でできるボランティアがあってもいい。土日は家庭や育児で忙しい。
- 会社からの半強制的なボランティアは始めるきっかけになりえる。

「どうしても会社にいますと、徐々に自分たちの年齢が上がっていって、勝手に自分の扱われる立ち位置というのが上がっていくとなってくると、どうしても人間、凝り固まってしまうので、いろんな組織に属して、そういうふうに自分が凝り固まらないようにはしたいなというのは、日ごろすごく思うんですが、一方で忙しいということで、何かそこでとまってしまうというような状況の気がしています。」(A25-C)

「別にボランティアをやりたいとかという気持ちでやっていたわけじゃなくて、単に言葉を覚えたいというところから始まって、もっと XX 国を知りたいというところからどんどんはまっていって、突っ込んでいったらそこに行き着いたという感じはあるんですけれども」(A25-F)

(2) A社 35-44 歳グループ

- 忙しい盛りでかつ子育て真っ盛りなので社会貢献指向を持ちながらも今は出来ないとする人が多かった。
- 社会貢献をする上で必要なのは、金と時間と意思の余裕である。
- 忙しいながらも一歩踏み出すことで気持ちが変化することもある。
- 自分が困った状況に関連する支援を（今後時間が出来たら）やりたい。

「時間がないので、逆に助けてほしい・・・今後子育てしていく中で、自分が結構つらかったこととかで、まあこういうのがあったらよかったんじゃないかなというのを、今後自分に時間ができたときに、ちょっとこういうのがあったらいいんじゃないかなと思うアイデアはあります」(A35-D)

「やっぱり金銭的、精神的、あと時間的な余裕がそろわないとなかなかしんどいですよね。なので、多分リタイアされた方がやっぱりメインになっていくんですよね、きっとね」(A35-E)

「いろいろ私もお世話になることのほうが多くて。現在も、どちらかというと、ぱんぱんなんですけれども。でも、何か気になっていた□□とか何か役に立ちたいと思っていて、自分も興味があるところにちょっと一歩踏み出してみたら、・・・何かちょっと心の余裕というか、潤いみたいなものが何か生まれたんですよ。」(A35-C)

(3) A社 45-54 歳以下グループ

- 社会貢献活動の対価はモチベーションのためにも必要。ただ、対価は金銭ではなく、

感謝などのなんらかの反応でもよい。
・ 宗教的背景があったり海外での社会貢献の有り様にふれていたりするとボランティア活動への敷居が下がる。
・ コミットメントが低い関わり方を望む声もあれば、先のことだからわからないとしながらも深く活動に関わりたいとする声もあった。
・ 信用できるNPOを紹介してくれると参加しやすい。
・ 自己の能力・適性のアセスメントのためのツールがあるといい。
・ 継続していくことで人材育成につながる。

「やっぱり企業人としては、世の中に貢献して、その貢献した対価をいただくという仕組みというのが必要なのかなと」（A45-A）

「（駐在先の子どもの学校でボランティア活動が盛ん）ちゃんとしている人はこういうことをやるんだみたいな。すごくその社会観であり、宗教から来ているんだとは思うんですけれども、そこはすごく違うなということに触れて、あっというふうに思った」（A45-D）

「NPOとか、ほんと信用できるところ、そういうのを紹介してくれるというか、スクリーニングをかけてくれるというのがあれば参加しやすい」（A45-F）

「NPO、NGOで求められるものと、我々のできると思っているところのギャップをどうするかというのを、何かうまくプログラムがあると、すごくいい。」（A45-D）

「小じんまりでも、やっぱり会社としてこういう支援をしていくのは、継続してやっていきましょうよ。ブームだみたいな話ではなくて、A社という会社がそういうものに対して、多くの人がだんだんそういうのに触れていくと、意識はやっぱり高まっていく」（A45-B）

「多分、退職しても、平日はゴルフをやって、土日はボランティア活動というパターンにだんだんなるでしょうか・・・ただ、ものすごく定期的にばしっとやるのはしんどいんだろうなという感じはしますね。」（A45-F）

(4)　A社55歳以上（男性）グループ
・ NGOを立ち上げXX国で武道を教える。23年間、ボランティア休暇を利用して毎年行っている。すべて自腹。
・ 子どもがまだ在学中。定年退職後も子供が卒業するまでは稼ぐ必要がある。
・ やる気はあっても働く機会が与えられない女性や再雇用者がいる。

・ 仕事で培った技能を生かした社会貢献をしたいとする人がいる一方で、「営業」という職種と社会貢献とのつながりを見出しにくい人もいた。
・ 趣味、部活など、仕事以外の活動にある程度習熟した人は教えるという貢献につながる。
・ 退職後、金銭的な心配はないので、勉強したいという人もいた。

「その当時高校生だったメンバーが、子供さん連れて道場に来るわけですよ。もうかわいいのがちょこちょこちょこちょこことね。もうこれはね、ほんとう喜び。」(A55m-A)

「やっぱりこう何か社会とつながりというんですかね、いつまでも必要とされていたいみたいな、あるいは役に立っている実感みたいなのが、会社離れちゃうとなくなっちゃうのかなみたいな、ちょっと不安みたいなのがあって」(A55m-E)

(5) A社 55 歳以上 (女性) グループ

・ 定年退職後は金銭ではない生き方の豊かさに価値を置きたい。
・ 住んでいる地域と切り離されている感じ。将来的な移住も考えている。
・ 会社にボランティアプログラムを提供してもらえるといい。
・ 社会貢献は専門性を高めないと出来ないという認識を持っている人もいた。
・ 海外での日本文化紹介活動を長年自腹で行ってきた。喜んでくれるから続けられた。
・ 体が疲れるようになってくる。退職してから新しいことを始めるのは難しい。
・ 再雇用の 5 年間で兼業が認められればセカンドキャリアの助走になる。

「(海外の活動場所へ) 行くと、日本のことが好きな人がこんなにも沢山私達を待っていて、みんな目をきらきら輝かせ、「素敵な時間をありがとう。」とか、(…中略…) そんな現地の人と触れ合うことによって、自分は日本人でよかったと思える瞬間が嬉しい。また現地の人をもっと喜ばせたい、もっと何かやってあげたいなと思うからなのではないでしょうか。モチベーションというか、やる気というか、何かそういう所につながるのかなと思います」(A55f-B)

「確かに第 2 の人生で、どこまでのことをやるかって、でも個人差があって、フルでガーッとやりたい人のためにはやっぱり 40 からやっていかなきゃいけないのかもしれないけれども、あんまり器用じゃない人は、多分会社にいるときは 100％会社だと思うんです。そこから、だけどその先生きていくための助走期間があれば、・・・新しいことに向けた、違う方向性に向けて準備期間があって、そうしたら一応自分が死ぬまでのことを考えながら生きていけるのかなと。」(A55f-E)

「やっぱりそれこそちょっとボランティアをやってみたりとか、あといろんなことを、社会のいろんなも

—13—

のを見たときに、ほんとうに人生が豊かになるというのは、お金を稼いで充実感あることも豊かの一つで
すけれども、それ以外にも豊かであるって、ああ、あの人の生き方豊かだよなって思う、お金を持ってい
ないのにそういうふうに思える方々を目にするにつれて、あ、ああいう豊かさを持っていかなきゃいけな
いなって、自分で思うようになったので。」(A55f-E)

(6)　B社 35 歳未満グループ

・　就業時間以外でボランティア活動に費やせる時間はない。
・　支店での営業にかかわる人は、顧客との関係でボランティア活動したり、営業活動の
　　中で相談や話し相手になっていたりする。
・　社会貢献活動やボランティアは営業業務内で客とのコミュニケーションに役立つ。
・　インターナショナルスクールの経験がボランティアのきっかけとなった。
・　外資の金融機関で働いていた時、ボランティア参加率が部署ごとに出ていた。
・　震災などでは当事者意識が高まると、人は動く。
・　社内メール、LINE、チャターなどでボランティアの情報発信、共有するとよい。
・　選択肢があるボランティア情報（場所、時間、内容）が欲しい。
・　趣味を登録しておくとボランティア先をリコメンドしてくれるような機能があるとい
　　い。

「ボランティアっていいもんだなと思った発見が2つあって、1つは地元の人々とつながって、実際にそ
れが仕事に生きてくるということ。そこで知り合った人々が、またいろいろなことをその人々から教えて
もらって、僕も教えてあげられることがあるというつながりがどんどん広がっていったというのがやっぱ
り仕事で生きた経験ですね」(B25-B)

(7)　B社 35-44 歳グループ

・　海外では社会貢献活動に当たりのように触れていたが、日本では仕事・子育てに忙し
　　くボランティア活動が出来ない。
・　日本のボランティア活動・NPO 等ボランティア団体に批判的な意見があった。ボラン
　　ティアをやったことがない人にとってはイメージが遠い。
・　会社全体で社会貢献活動をするのはあたりまえといった雰囲気が醸成されることが
　　大事。
・　社内でボランティアをする人とボランティアを募集する人をマッチングするような
　　仕組みがあってもいい。

「今ボランティアをやられている方達や組織を見ても、あまり効率が良くないイメージがあります。」
　(B35-A)

「アメリカの MBA とか来ている人は、結構ボランティアをやっていて、それは多分そもそも学校に入る
ためなのか、あとはある程度一定の教育を受けている人はするべきだと、そういう雰囲気が醸成されてい
るので、そのあたりが日本と違うと。」(B35-I)

(8)　B社 45-54 歳グループ

- 仕事が人生の中心にある人が多い年齢層。セカンドキャリアを徐々に意識し始める。
- 働いていれば誰かに貢献していると考える。
- 働き方改革がジワジワ時間的余裕につながってきているが、ボランティア活動にはつ
  ながっていない。
- 退職後、社会貢献活動への指向はあるが具体的なイメージは持っていない。
- NPO 等ボランティア団体に対する不信感を持つ人もいた。安心できる団体を会社が
  紹介してくれるといい。
- 電車でスマホでボランティアマネジメント、空き時間にモバイルでコントロールでき
  る活動もある。
- ボランティアマネジメントの経験を通じて本業の生産性も上がったと思う。
- 会社内で就業時間後出来るボランティアがあったらいい。誰が参加するのかわかる情
  報もあるといい。

「誰かに貢献してますよねというのが、結構、人間の生きがいの中では大事ですよね。それって別に働い
てれば誰かに貢献していますよねって感じの話になるので、仕事をしている間は、多分、そんなことは感
じないんですよね」(B45-C)

「私のボランティア活動はほとんど電車でスマホでやるというぐらいと、あと、家庭訪問、ホストファミ
リーの家庭訪問とか留学生の面接とかもあるので、そういうのは行くけれども 1、2 時間とか、だから、
ボランティアって実は働きながらできるというか、マネジメントさえできれば。」(B45-F)

(9)　B社 55 歳以上（男性）グループ

- 子どもにスポーツを教える、楽器を演奏するといった技能を生かしたボランティアに
  かかわっていた。
- 居住地を定めることで、地域に基盤が出来る。
- 人とのつながりがボランティア活動を継続する動機になる。
- ボランティア休暇導入に概ね賛成の意見だった。
- 再雇用制度は利用予定の人が多かったが、兼業ができないことで迷いもみえる。
- NPO やボランティア団体の裏側がわからない。不信感がある。

- OB もアクセスできるボランティア情報交流のプラットフォームを会社が提供できるといい。

「今の日本のボランティアは、すごく強い思いの人がいて、その人に引っ張られて、ある瞬間は輝くんですけど、それを続ける仕組みがない。」（B55m-E）

「定年は、もう少し先かなと思っていますけど、その後どうするんだとか、先を考えると、60以降、仕事しないわけにもいかないでしょうし。なかなか具体的なビジョンが定まりませんね。」（B55m-G）

（10） B社 55 歳以上（女性）グループ
- 定年退職後に金銭的に困窮しないだろうし、子どものために稼がないといけないという話でもないので、再雇用で働くか迷う。
- 外資系金融機関に働いていた頃、イントラ web にボランティアエントリーのシステムがあり、日時、内容、一緒に参加する人がわかり、そこから選択して応募することが出来た。
- 転居先で地域でのつながりを作るためにボランティアを行う。
- ボランティアのために資格を取る。やるからには存在感を示したい。

「何か資格を取って、やっぱり介護の資格とかああいうものを取って、人のために携わるのもありかなと思って、そういうちょっと資格を取ったりとか、そういうのには興味があります、将来的にね。」（B55f-D）

第3章 定年退職後への不安の所在

1. 多くの人々が抱える退職後の不安

　本論では、まず、退職後の生き方について出された意見に注目したい。ヒアリングでは、「人生 100 年時代」と言われる中で、将来、あるいは定年後の過ごし方について戸惑いを感じるという意見は少なくなかった。それは、定年退職後の過ごし方にかかる選択肢（再雇用などの就労、進学、ボランティア等）に影響をもたらすものであると考える。したがって、本ヒアリング調査の主題である社会貢献活動に関する諸意見を説明する前に、退職前後に関する意見を拾いあげることは肝要であると考える。

　なお、ヒアリングの対象者についても言及したい。対象者は本ヒアリング企画に応募した者、あるいはその趣旨にかかる説明を受けた上で、参加している人々である。ヒアリングの冒頭でも、本調査の目的とする「社会貢献活動の促進」について、説明を受けていることから、社会貢献やボランティアについて、その考え方について何らかの影響を受けていると思われる。また、対象者の所属企業は、いずれも 1 兆円以上の売上を計上しており、その意味で、比較的恵まれた所得水準にあると思われる。

2. 古くて新しい「退職後の不安」

（1） 40 年前に提示された退職の危機

　定年後の生活について警鐘を鳴らす論説は数十年前から存在している。P.F.Drucker（1969）は、知識労働者は、肉体労働を主とするブルーワーカーに比較し、労働寿命が延びるため、第二の職業機会を設けるべきであると述べた [1]。その 30 年後、Drucker（1999）は、労働寿命の伸長が明らかになった 30 年前、より多くの定年退職者が、非営利組織でボランティアとして働くようになると予測したがそうはならなかったこと、その原因として、未経験の人が 60 歳になってからボランティアになることは難しかったことを挙げている [2]。

　40 年前に米国の Harvard Business Review に掲載された Bradford, L.P（1979）の「Can you survive your retirement? 」[3]は、経営学のみならず医学分野等で、今日でも引用されている [4]論説である。Bradford は、自らの経験に基づき退職にかかる問題を率直に論じている。彼はバラ色の退職後ライフを求めて、毎日ゴルフを楽しめる土地に引っ越したが、間もなく

---

[1] Peter F. Drucker（1969）*The Age of Discontinuity*, Harper & Bow: Publisher Inc.（邦訳：P.F.ドラッカー著林雄二郎訳 （1969）『断絶の時代』ダイヤモンド社）

[2] Peter F. Drucker （1999） *Management Challenges for The 21st Century*,Harper Business （邦訳：P.F.ドラッカー著、上田惇生訳 （1999）『明日を支配するもの』ダイヤモンド社）

[3] Bradford, L.P., 1979. "Can you survive your retirement? "*Harvard Business Review* 57 (4), 103–109.

[4] 佐藤一磨、山本勲、小林徹 （2017）「定年退職は健康にどのような影響を及ぼすのか」Panel Data Research Center at Keio University, DISCUSSION PAPER SERIES, DP2016-014, March, 2017

—17—

心的に辛くなってくることに気づく。愚痴をこぼす毎日に、妻との関係も悪くなってゆく。そして、退職が、なぜ、進学や就職、転職といった他のトランジションに比べて難しいのかを考察する。まず、組織から離れ、所属する場がなくなり、社会とのつながりを失うことを挙げている。また、就業している時は、アサイメントがあり、定期的に達成状況を確認することができたが、退職すると、その達成感もなくなる。また、職場ではレディーメードのルーティンワークがあったが、退職すれば全ての時間の過ごし方を自分で決めなければならない。また、組織が提供してくれるサポートは予想以上に多く、退職前にリストアップしておけばよかったと述べている。そして、退職前に着手したいと思っていた新たなスキルや関心事も、いざ退職を向かえてみると難しいと感じるようになった。退職後に遭遇する数々の変化についてゆけず、自己を「役に立たない者」と否定的に捉え、妻や家族、そして友人関係にも変調をきたしていたのは、自らだけでなく、知人もそうであったと述べている。Bradfordは「就職準備には何年もの時間を費やすが、退職という一大イベントには殆ど準備をしていない」と指摘する。

(2)　「人生 100 年時代」の不安

　ヒアリングを通じて明らかになったのは、複数の人々が、リンダ・グラットン、アンドリュー・スコット著（2016）『ライフ・シフト　人生 100 年時代の人生戦略』[5]を読んでいだことである。しかも何らかの不安の感情を伴って読まれていた。『ライフ・シフト』は、世界的な長寿化の中で、労働寿命も伸び、個人の学び方や働き方で大きく変化してゆくこと指摘する。すなわち、これまで、最もオーソドックスであった、学習、就労、退職後という、3 つのステージから構成される生き方が古いものとなり、長い労働期間の中で、転職や兼業、あるいは起業を経験することになる。そのためには、学習と次のステージのためのトランジションの時期が複数回繰り返されるようになる。したがって、今後、個人は生き方を計画的に設計し、そのための準備をすることが求められるという。

　ヒアリングに参加した 45 歳以上の人々の多くは、先述のオーソドックスな 3 ステージの生き方を基本に 20 年以上にわたる就労生活を送ってきた。しかし、人生 100 年時代においては、この生活スタイルが古くなり、新たな生き方を見出さねばならないと言われたら、当惑の感情を抱いても不思議ではない。

　内館牧子氏の『終わった人』（2015）は、金融機関の子会社を定年退職した男性の心理を描写している。定年を生前葬と表現し、やることがみつからず、健康のためにジム通いをするが、同じジムに通うシニアの人々と馴染めない様子が、記されている。ライフ・シフトでは、100 年時代に向けて、人生戦略を設計することが提案されていた。しかし、定年適齢期の人々

---

[5] Lynda Gratton and Andrew Scott（2016）*The 100-Year Life,* Fraser & Dumple Ltd.（邦訳：リンダ・グラットン、アンドリュー・スコット（2016）『Life Shift　100 年時代の人生戦略』東洋経済新報社）

にとって、長年過ごしてきた生き方が「古くなると今更言われても」戸惑う人が多いのではないか。

(3) 古くて新しい退職後ライフへの危機感

　前述のように、退職後にまつわる不安や危機感は、最近浮上した事ではなく、むしろ、かなり以前から指摘されてきた"古くて新しい"課題である。しかし、40年前と明らかに異なる点もある。Bradford（1997）は、人口統計データを調べたところ多くが定年の数年後に亡くなっていると述べているが、2018年現在、寿命が伸びたことによって、定年後の時間も長くなった。また、日本に着目すれば、社会保障制度は財政難のため、維持・運営が困難になっている。その意味で不安材料が増しているものと思われる。

　他方、40年前と現在で、共通しているのは、退職後の不安や戸惑いだけではない。退職前の段階で、一定の助走期間や準備が必要であることは40年以上前から指摘されていた。換言すれば、数十年前から指摘されてきたものの、未だに、準備方法について具体案やイメージがないままに模索が続いているということではないか。

3. ヒアリングで出された「退職後に関する意見」

　では、ヒアリングではどのような意見が出されていたのか。ここでは、ヒアリングで出された退職に関する意見に着目し、以下に区分して説明する。すなわち、「退職後の不安」「不安の理由」「退職後を意識しはじめる年齢」「不安を感じていない理由」「定年後のおおまかなプラン」である。なお、後述の「退職を意識する年齢」にあるように、45歳以上のグループから意見が出されていることから、ここでは45-54歳、55歳以上男性、55歳以上女性のグループの意見から論点を挙げている。

(1) 退職後の不安

　退職後について不安を感じているという意見は相当数出されたが、以下の論点を見出すことができる。

　　ア．人生100年時代と言われ、戸惑いを感じ、何かしなければと感じている。
　　イ．定年後に向けて準備をする必要性を感じている。
　　ウ．長年、会社務めに時間を費やしてきたため、隣近所との関係も薄く、地域社会に入れるのか不安である。
　　エ．退職後は燃え尽きてしまって、何もすることがないのではないか。

　アについては、次のような意見が出された。「『ライフ・シフト』という100年、あれ、ちょっと読んでいたんですよ、実は。今回もう一回読み直して、人間100歳に必ずなる、、、そ

こに4、50年のスパンがそこにもう出てきてしまうということも見て、やはりこのままでは
いけないなという思いは、結構持ち続けているんですけれども。じゃあ、ハウというときに、
何ができるかとなると、なかなか難しいねと」（A55m-D）。人生100年時代という言葉が俄
かに注目され、それを意識しつつも、どう対応したらよいのかわからず戸惑っている様子が
伝わってくる。

イについては、「60になってから、全く新しいことをやるわけにはいかないだろうと思っ
ているので、そろそろそれを考えて、じゃあどこからエンジンを入れますかと」（A55f-A）
など、類似の意見が出されている。

ウについては、仕事が忙しく、地域社会とのつながりが希薄。そこに寂しさや焦りを感じ
ることがある（A55f-C）など、類似の意見が出されていた。この種の意見は、主に女性から
出されたが、自治体の活動情報を見て、参加してみているという意見も出された。

エについては、次のような意見が出された。「きっと燃え尽きていると思うんです」（B45-
C）の他、類似の意見は複数みられた。燃え尽きたという表現には様々な含意が含まれている
と思われる。例えば、燃え尽きたゆえに退職後をどう過ごすのかのイメージがなかなか沸い
てこない、さらには時間を持て余してしまうのではないかという不安感である。グループイ
ンタビューの中では、リンダ・クラットン著『Life Shift　100年時代の人生戦略』（東洋経
済）が話題になったが、同様に、内館牧子著『終わった人』（講談社）[6]も、定年後を等身大で
考える著として読まれているようだった。

また、社内研修を受けて、退職後のあり方について考えねばならないという意見もあった。
「キャリア・ライフデザイン研修というのを受けまして、それは人生100年時代における健
康づくりというところで、□□さんが講演なさったんですね。その中で、やっぱりつながり
とかコミュニティの数は3つ以上持とうとか、そういうようなことをおっしゃって、まさに
そのとおりで。」（B55f-C）。

（2）　不安の理由

退職後に不安を感じる理由として、次のような点が挙げられた。

　　ア．人とのつながりを失う、話す人がいなくなる/やることがなくなる

　　イ．体力の劣化（新しいことに着手する時）/会社一筋の生活のリズムからの一変した
　　　　環境に心身がついていかない

　　ウ．年齢による差別が予想される

　　エ．専門性、スキル・知識がない

　　オ．経済的な問題で、年金/子どもが自立するまでは収入が必要

　　カ．終身雇用と会社人間

---

[6]　内館牧子（2015）『終わった人』講談社。

キ．プランが浮かばない

　アについては、55歳以上の男女ともに最も多く出されていた意見である。「1日しゃべっていない日とか。ちょっとその辺が怖いので、なるべく外に出るようにして、人と接するようにしたいなとは思っていますね。」（B55f-A）、「やっぱりこう何か社会とつながりというんですかね、いつまでも必要とされていたいみたいな、あるいは役に立っている実感みたいなのが、会社離れちゃうとなくなっちゃうのかなみたいな 、ちょっと不安みたいなのがあって。」（A55m-E）などが出された。いずれも、人とのつながりや社会的役割を失うことへの不安を述べている。

　イについては、「60歳の定年になってからだと、ちょっとめっきり疲れるようになってしまい、肉体的に」（A55f-A）と加齢による体力の劣えを案じている。また、「平日はもうバシバシ朝から晩まででもう張り詰めた生活で、、、有給休暇を14日もとるなんていう、私にとってみればいまだに体がついていかない。」（A55m-D）等、これに類する意見もが出されていた。長年、ルーティンとなっていた仕事や生活のリズムが変わることに対して心身が対応できるのかを案じている。

　ウについては、先輩の経験から年齢差別があることを知り疑問を覚えたという意見がある。他方で、自分よりさらに年上の人々と交わるには距離や抵抗感がある意見も出された。

　エについては、「専門性を、どうやってこれから持っていかなければいけないんだろうみたいなことを今考えているところです。」（A55f-E）など、ボランティアなどを始めるにあたって専門知識や技術がないのではないかという意見である。ちなみに、この意見に対して、司会側から、現有の知識や技術で十分に貢献できることが多いはずだとフィードバックされている。

　オについては、経済的な理由である。中途採用で入社した者は企業年金に期待が持てないため、退職後も就労しなければならないと述べている（A55f-A）。また、子供が経済的に自立するまでは就労しなければならないと述べた人が複数いた（55歳以上男性グループ）。

　カについては、会社で懸命に働き、多くの時間を費やしてきたため、他に考えることができないというもので「会社に終身雇用で骨を埋めるという、そういうことは覚悟していますので、そこで効率化を追求して、こう1日を過ごしていると、まあそれ以上にもう思いが至らないというところで。」（A55m-D）という意見が出された。

　キについては、定年後のビジョンやプランが容易に浮かばないというもので、「定年はもう少し先かなと思っていますけど、その後どうするんだとか、先を考えると、60以降、仕事しないわけにもいかないでしょうし。なかなか具体的なビジョンが定まりませんね。」（B55m-G）、「仕事があるうちのほうが、いろいろ工夫もするし、いろいろなアイデアも浮かびます。ぱたっと暇になったら、さあと考えたときに、アイデアも浮かんでこないし。」（A45-A）など、プランの必要性は感じながらも、それを作ることの難しさを訴えている。

(3) 退職後を意識しはじめる年齢

退職後のことを意識しはじめているのは、45-54歳以上で、それよりも下の年齢グループでは言及がなく、むしろ、現在の仕事と家庭、子育てとの両立が主たる関心事であった。論点は次の通りである。

　　ア. 45-54歳では実感はないが視野に入っている。
　　イ. 55歳以上になると男女ともにより具体的に意識しており、助走期間の必要性を感じている。

アの45-54歳グループでは、今現在は仕事が忙しく、意識は主に仕事に集中していると述べる人が多かった。ただし、定年後のことが全く視野に入っていないわけではなく、近い将来、この問題を考えねばならないと思っていることもわかった。他方で、イについては、55歳以上になると、50代になってから助走期間について考えるようになった(A55f-E)など、準備期間あるいは助走期間を意識するようになっている。また、同僚の昇進や昇格がひとつの転機となり、生き方を考えたことが、定年後につながっているように思える、という意見もあった。

(4) 不安を感じていない理由

退職後について、さほど不安を感じていないという意見は3件あった。1つめは、XX国での仕事で、地域に溶け込むために始めた合気道教室が組織化されNGOとなり、20年以上続いている(A55m-A)という意見で、在職時代からNGOを立ち上げ、20年以上にわたって活動を続けているケースで、今後もそれを続けてゆくというものである。2つめは、「もっと勉強したいなという気持ちがすごく強くなっているんですよ。だから、それって一生できるじゃないですか、、、大学に入り直すとか、もっと勉強し直すとかって。」(A55m-D)で、勉学をしたいという明確な目的を述べていた。3つめは、「助走期間があれば、新しいことに向けた、違う方向性に向けて準備期間があって、そうしたら一応自分が死ぬまでのことを考えながら生きていけるのかなと。」(A55f-E)という意見で、準備期間があればプランを考えることができるというものだった。

(5) 退職後のおおまかなプランについて

退職後に不安を感じない理由として、具体的な目標と助走期間が挙げられていた。そうであるならば、退職後についてどのようなプランを持っているのか。

ヒアリングから得られた意見を、ア. 退職後のプランやイメージ、イ. 再就職、ウ. 再雇用制度、エ. 進学、オ. ボランティア、に区分して説明する。

アについては、「すごくありますが、うん、ありますが、まだ具体的には考えていないです。」

（45-54歳女性）にあるように、具体案に至っていない意見が多かった。

イについては、子供の養育など家族との関係で、再就職を希望しているが、休日は他の活動も行いたいという意見が出された。「できればまだ子供も中学生と大学生なので、そこまではしっかりリターンを経済的には家庭にもたらさなければいけないので、それはやりたいんですけれども、それとパラレルで、まずは休日にはいろんな活動というのはやっていきたいなと。」（A55m-F）。

他方で、ウの再雇用制度については様々な意見が出された。子どもが大学を卒業するまでは再雇用制度を活用したい等、具体的な理由から希望を示す意見がある一方で、再雇用制度下で働くことで、予想以上に時間を取られるのではないか、あるいはアサインされる仕事があまり魅力的でない、60歳を過ぎての通勤は体力的に厳しいなどの意見も出された。再雇用制度の場合、身近に実例があるため、現実を見据えた意見が出されていた。

エの進学については、2件の意見があり、前述のように大学院進学を明確に希望する意見（A55m-D）のほか、60代の先輩の例を挙げ「大学に行き直していて、日本史を勉強していると。なぜですかといったら、それは直近の話で、2020年のオリンピックのときに、要は通訳で、ボランティアの通訳をやりたいと。」（A45-B）という意見があった。

オのボランティアや社会貢献については、多くの参加者が、関心があると述べている。ただし、ヒアリングを始めるにあたって、本調査の主たる目的が、人生100年時代を見据えたボランティア促進にかかる調査であることを説明しており、それが参加者に影響を及ぼしている可能性があることも特記しておきたい。

参加者の多くは、退職後の活動の選択肢のひとつとして、ボランティア活動を挙げており、明確に選択肢にないと言う者はごく僅かであった。ただし、希望の内容は多様で差異がみられることもわかる。

「ボランティアをしたら地元につながりができるかなと思って、地元でも何かやりたいなと思って区のホームページとかを見てるんですけど、全然役に立たないのでどうしようかなって思っているところで、現在進行形で何かないかなって思っています。」（B45-G）、「XX国での仕事で、地域に溶け込むために始めた武道教室が組織化されNGOとなり、20年以上続いている（A55m-A）、資金があれば、今行っている国際文化活動を続けたい」（A55f-B）、「やっぱり人の人材の育成だとか、それからそういうキャリア・アドバイザー的なことで人の役に立つ、こういう形の仕事が一つ自分に合ったものではないかなと、こういうふうには思っています」（A55m-C）、などである。また、介護と仕事の両立をした経験をいかした、サポートの仕事（ボランティア）をしてみたい（B45-B）、という意見が出された。また、複数の参加者から、今までは営利企業の仕事に従事してきたが、次はボランティアなどを通じて社会課題に取り組む仕事に着手してみたいという意見が出された。また、既にボランティア活動の経験がある人からは、定年退職前から、経験があった方が良いという意見も出されていた。以上の様にボランティアを希望する意見の内容や具体性に差異がみられるが、その

要因のひとつはボランティアの経験の有無ではないかと思われる。

4. 小括 ～ヒアリングから見えた「退職後の不安」と「漠然としたプラン」～

　以上、退職後に関する諸意見をみてきたが、次のようにまとめることができよう。すなわち、ヒアリングに参加した 45 歳以上の人々の多くが、退職後の生き方について不安を感じている。特に、「人生 100 年時代」という言葉が流布したことが契機になり、退職後の問題をより意識するようになっている。定年後にさらに 40 年もあるとすれば、その時間をどのように生きたらよいのかと、戸惑う様子が垣間見られた。

　また、不安の大きさは年齢によって異なり、45-54 歳のグループは、退職を意識しつつも未だ、先のこととして捉えられている。他方、55 歳以上の場合、男女ともに、退職後のことをよりリアルに捉えるようになっている。また、男女間でその捉え方に違いがあり、女性の方がより具体的に退職後の問題を捉える発言がみられた。

　不安の原因は複数挙げられるが、①退職によって帰属するところがなくなり、人々や社会とのつながりを失う、②退職後に新たなことを始める体力に自信がない、③新たなことを始めるための専門性や技術がない、④長期間、会社で仕事をすることで一日の大半を過ごしてきたため、会社を辞めると生活のリズムが狂う、⑤他の高齢者と一緒にされたくない、⑥経済的な事情、そして、⑦退職後の生き方について具体的なプランがない、あるいは浮かばない、というものである。興味深いことに、ここで出された意見の多くは、40 年前に Bradford が指摘した問題と共通するものが多い。時代を超えて、あるいは国籍を超えて、同じような問題を抱えているということだろうか。

　そして、ごく少数ではあるが、退職後に不安を感じていないという意見も出された。それらに共通しているのは、退職後の目標や、やりたいことが明確であるという点である。逆に、不安を感じている人の場合、退職に向けた準備期間も含め、具体的なプランをイメージできていないケースが多かった。経済的問題や介護や子育てなどの具体的な問題を除けば、先に上げられた理由の多くは、目的や対象の輪郭がはっきりしないままに、書籍や先輩からの情報に基づき語られている傾向がある。そのように考えると、不安を抱く人とそうでない人の相違は、具体的な目的やプランがあるかの差異にあるということができないだろうか。

　では、退職後のプランについてどのように捉えられているのか。退職後のプランを作るために準備期間や助走期間が必要であるという意見は複数出されていた。しかし、どのように準備するのかについては明確でなく、模索段階にあった。また、定年退職後も何らかの仕事に就きたいと言う人も多かったが、自社の再雇用制度については実例を目にしていることから積極的な意見、消極的な意見の双方があった。

　そして、社会貢献活動やボランティア活動については、退職後あるいはその前の時期から、着手したい活動の選択肢のひとつであるという意見は多く、否定的な意見はごく少数であった。

第4章　調査からの知見と考察

1.　ボランティアや社会貢献活動の経験

(1)　ボランティアや社会貢献活動の経験割合

　　今回のグループヒアリング調査では、事前調査票を配布し、社会貢献活動やボランティアの経験の有無やその内容を記入してもらっている。A社では約8割のヒアリング参加者が社会貢献活動やボランティアの経験をしており、B社では約4割であった。この差は、募集やサンプリングの方法が異なるため一概に比較は出来ないが、A社の商社という業種の性格上、海外拠点での駐在等が多く、ボランティア活動に頻繁に接する機会が多いことが考えられる。詳細は後述するが、海外在留経験がボランティア活動のきっかけの1つになっている。

　　調査参加者のボランティアや社会貢献活動のイメージが曖昧だったため、今回のヒアリングでは「そういえば、こんなこともあった」と話し始めるケースも多くみられた。例えば、子どもの学校や幼稚園、保育園でのPTAや父母会の活動、サッカーや野球チームのサポートやコーチ、自治会活動、留学先や在留先での日本文化や異文化交流イベントでの活動、職場のある地域のお祭りのサポート活動などは、自身の生活や仕事で出来た関わりの中で、依頼されて労働力を提供していて、本人にはあまりボランティアや社会貢献活動として認識していない。こういった広義のボランティアや社会貢献活動も含めると、両社の参加者の5割以上がなんらかの活動に参加した経験を持っていた。ただし、現在も継続して活動している人は14人で、全体の約2割に止まる。

(2)　経験したボランティアや社会貢献活動の種類

　　ヒアリング調査から、対象者が経験したボランティアや社会貢献活動の種類をみていくと第4-1表のようになる。複数経験している人も多い。ここでは、それぞれの活動の傾向と代表的な事例を示す。

東日本大震災被災地支援活動

　　ボランティアの種類別にみると、東日本大震災の支援活動に参加した人が最も多い。これが初めてのボランティア活動という人も結構いた。A社で東日本大震災被災地支援活動に携わった人数が多いのは、会社を挙げて被災地での支援活動に取り組み、長期に亘り社員を送っていたためである。[1]　B社も被災地での植樹活動を行っており、現在も毎年多くの社員が

---

[1] A社の東日本大震災被災地支援活動は、宮城県の某地区の社会福祉協議会を窓口として、11年6月から1年弱継続された。事務作業の後方支援活動と泥のかき出しや清掃などの肉体労働の2種類の活動に分けて社員を派遣した。社員は応募制でボランティア休暇を使い1週間現地に滞在する。1週間当たり肉体労働系3～4名と事務系1～2名、1チーム4～5人でチーム交代していき、のべ人数160人、実数100人が参加した。応募者は多く、ウェイティングリストがあったという。日曜日に東京からチャーターしたバスで現地に向かう。A社で

自費で参加している。[2] 会社での支援活動とは関係なく自分自身でボランティア先を見つけて参加した人も数人いた。

第 4-1 表　ヒアリング参加者のボランティアや社会貢献活動の種類と経験人数

	A社	B社
東日本大震災被災地支援活動	11	5
PTA、父母会、スポーツチームサポート、自治会活動	5	7
国際交流、日本文化の紹介、留学生サポート、通訳、ガイド	7	3
お祭り、イベント、施設慰問、マラソンボランティア	2	4
子供の支援（フォスターペアレント、あしなが育英会等）	3	–
環境、清掃活動	1	2
キャリアアドバイザー、キャリア支援	2	1
事務作業、ロータリー	1	2
病院、福祉（介助、介護）	2	–
ホームレス支援、炊き出し、弁当配布、フードバンク	1	1

　A55m-B さんのボランティア経験は、A 社が行う東日本大震災の支援活動が初めてだったという。1 回目は事務職、2 回目は泥のかき出し、床下の清掃といった体力を使う活動で行った。A45-B さんも、A 社の支援活動に参加し、初めてボランティアを経験した。海外でビジネスを進める中で、「どう会社として人として社会の役に立てるのか」を考えていた矢先だった。「貢献という気持ちを超えて、人間として何か自分が役に立てるのか」と思い参加したという。ボランティアを経験したことによって「自分なりに引き出しができた」といい、これまでとは全く違う考え方のアプローチがあることに気づいたという。

　A35-B さんは、津波で流された写真を洗浄する活動をしている団体をネットでみつけ、仙台まで活動しに行ったという。その後、関東近郊で同様の活動をしている団体をみつけて活動したという。

　A25-B さんも、会社のボランティア活動のスケジュールが合わずネットで探して申し込んだという。震災から 1 年ぐらい経った頃にタイミングをみて行った。イチゴ農家のヘドロを掻き出す作業で、すべて自腹だった。日帰りのボランティアバスツアーで 20～30 人ぐらい集まって手分けして作業したという。東北には、今も大学時代の仲間 10～15 人と毎年 2

は、会社全体で「何かやらないといけないよね」という合意形成があり、人事部が入ってボランティア活動の進め方について、業務扱いにするか、災害に巻き込まれた時の手当てはどうするかなどの細かな点まで考えてスキームを作ったという。これが会社内での大きな流れに繋がった。被災地からは、活動の引継ぎが上手く出来ていて、「A 社の事務職は引継ぎが完璧だ」とすごく評価されたという。

[2] B社では、東北復興支援として、現在も年 2 回、2 日間のボランティア活動を行っている。会社がバスや宿泊は用意するが、費用は参加する社員が各自支払う。コアになる人が職場にいるところでは、多くの社員が参加する傾向があるという。例えば、仙台支店から異動した B35-C さんは、異動先の支店の仲間を引き連れてやってきている。

回、「復興ツアー」と銘打って旅行に行っているという。被災地の定宿に一泊し、その他の地域や内陸に行ったりする。地元の特産品やお酒などたくさんお金を使う。今年で5年目、これまで7、8回行っている。子供も連れていく。1回で終わるものではなく、継続的な活動をやっていきたいと話していた。

　B35-C さんは、かつて東北の□□支店で働いていた。お客様全員が被災者だったことをきっかけに何か出来ないかを考えた。会社に、被災地で植樹する活動があるのを知った。お客の中には、震災の日に寄付する人や、あしなが育英会の募金をする人がいる。お客との社会貢献に関する会話をきっかけに、私たちもこんなボランティア活動をやっているよ、こんな経験をしました、あの方はこうおっしゃっていましたとか会話が広がるし、充足感につながると感じたという。被災地の支援は異動した後も続けている。

　B35-E さんは、震災直後にいてもたってもいられず、何かできないかと思っていたところ、会社内で□□での農道の再整備のボランティア活動を行うということを聞きつけ参加した。「道」として承認されるには側溝が必要らしく何百メートルにわたって側溝を掘った。「骨の折れる仕事」だったという。

PTA、父母会、スポーツチームサポート、自治会活動

　次に、PTA や子どもの野球・サッカーチームのサポートやコーチ、自治会活動など自身の生活に近い部分での活動が多くみられている。PTA の活動の中心になっているのは女性である傾向がみられるが、これらの経験を入り口として、子供の支援活動や留学生サポートの活動につながって行っている人も多い。男性の場合は自治会活動や野球・サッカーのコーチが多いが、これらの経験が地域でのつながりに発展しており、子供が卒業してからも地域の集まりに参加したり、また参加したいと思っている人がいた。

　B45-D さんは、PTA で役員を経験した。現在は寄付活動が中心だが、自分もこれまで子育てや家族でトラブルに巻き込まれた時に助けてもらったので、時間に余裕が出来たらボランティア活動をやりたいと思っているという。寄付は国際協力、子供の支援が中心で、あしなが、交通遺児、子ども食堂関連の NPO へ送っているという。

　B45-F さんも、PTA の役員を経験している。子供が高校生の時に海外に留学したことから、交換留学生を受け入れるホストファミリーとして活動しはじめた。ボランティアを始めたきっかけは、子供が学校や留学先でどのように過ごしているか情報が欲しかったからという。また、先輩のお母さん方に助けてもらったという恩返しもある。今は、その団体の事務局として副支部長をやっている。説明会のアレンジ、留学生の世話など。東日本大震災の時も友人と4泊5日でボランティアをしに行くなど活動が広がってきている。

　B55m-A さんは、3年間毎週土日に、子供のスポーツチームのコーチをしていた。練習、試合だけでなく合宿もあった。「自分の子供以外の選手もいるんですけど、自分の子供のような感じでした」と話している。子供がチームを卒業した後も応援団の一員として手伝いをし

ており、「地域の人を、ボランティアを通して知るという非常にいい経験をさせてもらった」と語っている。

B55m-E さんも、子供のスポーツチームのコーチをやっていた。居を定めて、「地元に何か根っこを作らなきゃいけないな」と思ったのがきっかけだという。

> 「子供のコーチも、何が楽しいかというと、結局、親御さんの会話が楽しくて、あとは飲み会がふえてきて。そこで何かいろいろな方とつながりができてということから、じゃあ、おやじのチームをつくっちゃえみたいな。(…中略…) 時代を超えて、子供たちが卒業しても残るような、熱い人が大体1人か2人残りますので、そうすると、自分が戻るときには、またその人たちが残ってくれているだろうということで、種まきを少しはできたのかなというふうには思ったりしています。」(B55m-E)

B55m-F さんは、大規模マンションに住んでいて、マンションの管理組合の役員が輪番で回ってきたときに2年間理事を務め、地域のつながりが出来た。月1回の会議があり、主に土曜日に集まる。その資料を作ったりするのも結構時間がとられるという。高齢化が進んでいてなり手がおらず、3年に一回くらいの割合で回ってきたりする。ただこれがきっかけで住人同士のつながりが生まれたという。

> 「うちのマンションは100世帯以上あるのですけど、理事のできる人がだんだんいなくなっている。みんなお年寄りになってきて。(…中略…) 今までだと理事は10年に1回で済んでいたところ、歳をとってとても動けないとか、あるいは賃貸に出しちゃったとかという住人が増えて、最近では3年に1回ぐらい(回ってくる)。私も忙しくてこれまで出来なかったところがあるので、じゃあ続けてまたやりますという状況で、これもボランティアみたいなものかなと思ってやっています。(…中略…) 私の住んでいるところは地域的には町内会とかもきちんとしていて、色々な行事をやっています。地域で運動会をやったりもしているのですが。私の場合、子供が地域の学校に行ってなかったので、そういうところでの関係はなかなか持てなくて、(…中略…) とりあえず、やはり身近なマンションの中で出来る事からやってみようとなりました。」(B55m-F)

国際交流、日本文化の紹介、留学生サポート、通訳、ガイド

国際交流、日本文化の紹介、留学生のサポート、通訳、ガイドといった海外や外国人との交流や支援活動を行う人も多くみられた。留学を経験したり、インターナショナルスクールに通っていたりと、海外との接点をバックグラウンドに持つ人や、A社では海外在留時にボランティア活動を始めるパターンがみられた。さらには、個人的に行っていたボランティア活動が会社に認められ、渡航費用などを全面負担してくれることになった例もあった。

A55f-B さんは、入社5年目に出張で海外に行った際に、現地社員にお世話になったことがきっかけで国際交流活動を始めた。日本に帰ってきて、日本は外国人や観光客にあまり親

切ではないなと実感し、外国人へのサポートをしようと思ったのだという。その後、語学ボランティアや外国人向けの観光ガイドのボランティアとして活動し、多くの開発途上国の人を中心に世話をしている間に、「今度時間があったら遊びに来てね」といわれるようになった。そのことがきっかけとなり「休暇を使い海外に遊びに行くように」なった。「泊めてもらったお礼に日本文化紹介をしようと、私が習っていた生け花とかお茶とかを海外で披露するようになり」、そのうちに大学で講義をするまで話が発展していったという。転機は 2004 年に同じ部の人から「航空券とかは出せないけれども、来てくれたら、ホームステイ先を探してあげるから」、XX 国に来てほしいと要請されたことだった。現地では、大使や大使夫人も紹介され、その後 4 年間、年々規模が大きくなり、着物やお茶の備品を持って行くなど、荷物だけで 30〜40 キロになって負担が大きくなっていった。負担が大きくなり、止めようと思っていたところ、会社が国際交流の重要な活動であることを認め、現在は国や地域も拡大して、年に 2 回程度、1 週間から 10 日間、出張扱いになって給料も出ている。アレンジやスケジューリングも担当者が付き、随行してくれる人もいる。自分はパフォーマーとしていくような形になったという。

A55m-A さんは、1990 年代に XX 国に駐在したことがきっかけで、ある武道の道場を作り、NGO を立ち上げた。その地域にどうやって溶け込むかを考え、日本の会社の部活動で習っていた師範を何度か現地に呼んで、現地の人とやりはじめた。異動になった後も、毎年 9 月にボランティア休暇を使って 1 週間滞在する。23 年間、これまで 20 回近く行っている。

B35-D さんは、大学院時代に XX 国に留学し、紛争解決 NGO や環境 NGO で活動（翻訳）し、その後国連関係でもボランティア（編集）をしていた。

B25-E さんは、インターナショナルスクールの頃からボランティア活動をやるのが常で、ホームレスへの炊き出しや、外国人向けの日本語講習会などにも参加していた。学生時代の頃から、日本在住の外国人で、入管や拘置所等で日本語に不自由している人のボランティア通訳の調整や、自身もボランティアで通訳をしている。途切れた時もあるが、かなり長い間活動を続けている。

お祭り、イベント、施設慰問、マラソンボランティア

地域のお祭りやイベントのボランティア、自身の音楽等のパフォーマンスを活かして施設を訪問する活動、大きなマラソン大会のサポーターなど、これらは単発でのお手伝いが主となるボランティアである。多くは自身の趣味の延長線上にあったり、知人などからの依頼や誘いを受けて活動している。

A55m-E さんが、これまで行ったボランティアはいずれも会社がらみである。1 つは会社のある地域のお祭りに若い人を出していたので上司に言われて行ったこと。お神輿を担いだり、接待所の下働きをしたり。若い人が少なかったので喜ばれたのが非常にうれしくて今でも覚えている。もう 1 つは XX 国に赴任した時に、ボランティア活動に熱心な現地社員がい

て、企画部長だった自分が総支配人にかけあったという。総支配人も理解があって、土日ではなく平日の就業時間内でやろうということになった。年6回、呼び掛け、NPOと連携して、独居老人のお宅の清掃をしたり、車いすの子供を水族館につれていったり、知的障がい者施設にサンタの格好をしてクリスマスプレゼントを届けたりした。毎回十数人、年間数十人が参加した。上層部が積極的だったので、まだ行っていない部署はないかなど声がけされ、「まあちょっとじゃあ私も」と多くの社員が参加していた。このプロジェクトはまだXX国で続いているという。

　A25-Fさんは、XX国に駐在していた時にマラソンボランティアに参加した。自身がマラソン大会に参加した際に、ボランティアの数がものすごく多く、応援がすごく熱くて心に残った。それで自分もボランティアしてみようと思ったという。同主催団体が行うマラソン大会が同国内各地であり、ボランティアに参加することでポイントが溜まるシステムになっていたという。ネットから参加申し込みをし、どのくらいポイントが溜まっているか見ることが出来、ポイントが溜まると高額のお金を払わないと出られない大きな大会などに安く出られるようになっていたという。

　また、上司からの誘いで、NPOが合同で東日本大震災支援のチャリティイベントをやった時に手伝ったこともある。イベントではギネス判定員を呼んで記録を作ったり、Tシャツを作って売り、収益金を被災地に送っていた。

　B55m-Fさんの趣味は楽器で、市民オーケストラに所属している。忙しい仕事の合間を縫って、毎日の練習時間はもっぱら夜中だ。年に数回の定期の演奏会と、友人のマンションのクリスマス音楽会を毎年手伝っている。老人ホームの慰問に誘ってくれる人もいるが、今は時間がなく参加出来ていない。地域の活動と趣味と、それぞれ楽しみながらやっている。

　B55m-Eさんは、趣味でマジックをやっている。ピアノをやっている友人がいて、高齢者向けのイベントで公民館で懐かしい歌をうたう会に誘われて参加した。その後もいろいろ縁が出来て老人ホーム等で呼ばれて行ったりしている。

　　「私の高校の友達なんですけど、音楽をやっていまして、彼はピアノがすごくうまくて。（…中略…）医療関係の仕事をやっている中で、音楽がお年寄りの方をすごく活性化するという話があって。彼は専属のボランティア、無償で月に1回かな、昔の、懐かしい歌をうたう会というのを公民館でやっているのに、初めて声かけられまして、そこへ参加したんです。昔の歌をうたっていると、やっぱり、お年寄りの方、すごい元気になるんですね。一番元気な方が1人いらしたんですけど、（…中略…）その方は会計をやったり、会場を押さえたりと。実はあの方、1年前は寝たきりで、もうほんとにしゃべれなかったんだよと。その方がいつの間にか、ここに入ってきて、元気になられて、今はこうなっているんだという話をされていました。それを見てやっぱりすごいな、音楽の力ってすごいなと感じたんです。」（B55m-E）

子供の支援

　A55f-F さんは、大学生の時にフォスターペアレントの手紙のやりとりの翻訳ボランティアを始める。社会人になっても2年ほど続けていたが忙しくて辞め、ボランティアからしばらく遠ざかった。50歳前に仕事の環境が変わり時間に余裕が出来たため、□□のボランティアに応募した。2日間の研修を受けて、この5年ほどこのボランティアを続けている。月に一度の活動で子供と遊んでいるくらいの感覚。東北にも同活動で、3〜4年連続で行っている。A55f-F さんは、この他にも1997年のナホトカ号重油流出事故や東日本大震災のボランティア活動にも参加している。

　A25-D さんは、神社の子ども会で中学1年生から社会人1年目まで運営のボランティアをしていた。神社の下部組織で、運営は中学生から大学生に任されていて、数人の大人がみているという団体だった。子どもは広範囲から来るので300〜400人の規模で、年に4回くらい集まりがある。運営側は毎週土曜日、プランニングから実行まで、学生時代はのめり込んでやった。日本の伝統的なお祭り（ひなまつり、七夕など）についてみんなで考えたり教えたり、それに合せて食事をしたり。子どもと一緒に作業をして教えてあげること、その子ども達が自分と同じようになりたいとボランティアになってくれるというのが、すごくやりがいにもつながっていた。社会人になって忙しくなり、今は別のことをやりたいと思っている。

　B55f-B さんは、外資系金融機関で働いている時に、ボランティア活動に携わり始めた。その会社ではボランティアのメニューが用意されていて1年に1日はボランティアを行うことが求められていた。B55f-B さんは子供の支援関係を選んで活動していたという。

> 「私はわりと子供が好きなので、その施設に慰問に行くみたいな、子供と一緒に遊ぶというのを結構やっていたんですね。で、わりと毎年毎年同じところに行くようにしていて、あとクリスマスのときとかも参加するようにしていくと、あ、あのときにいた子だよねみたいな、子供の成長も見られてすごくよかったなと思うのと。あとは、ドメスティックバイオレンスで避難をしている、シェルターみたいなところの子供と一緒に、ちょっと絵を描くみたいなのがあって。最初すごく子供が心を開いてくれないというか、無表情で黙っていてというのがすごく印象にありますね。（…中略…）最後のほうには変わってくれてよかったんですけれども。最初の1時間半か2時間ぐらいは、ほんとうに何もしゃべってくれなくてというのがありました。」
> （B55f-B）

その他の活動

　上記以外の活動で、特徴的な事例について言及する。

　A25-F さんは、A社からXX国に留学、駐在した。大学での講義や自身でXX国の歴史を調べるうちに、先住民の存在を知るようになる。首都近郊で貧しい暮らしをする人々に会い、その抱える問題を考えるうちにフェアトレードに興味を持ち、先住民の人を大学に呼んで話

を聞き、文化や技術を評価した正当な価格で民芸品を売買することを行った。帰国後も **XX**国に年 4 回ぐらい継続して行っており、今も現地の人との交流が続いている。

　B25-B さんは、小学校のトイレ掃除や清掃活動を行っていた。この活動は、掃除を通じて経営学を学ぶことを進める NPO がやっていて、以前の職場での営業担当だった顧客から誘われ、大きな影響を受けたと話している。

> 「トイレ掃除なんて小学校以来やったことがなかったんですけども、ほんとうに、便器に手を突っ込んで掃除をするんですよ。特にやっぱり見えない部分まで一生懸命こだわって掃除をすると。その過程で発見があるんだということを教えてもらって。」（B25-B）

2.　ボランティアや社会貢献活動に参加したきっかけ

　ボランティアや社会貢献活動に参加した人たちが、どういうきっかけで始めたのかを知ることは、活動を推進するに当たって重要である。

　今回のヒアリングで参加のきっかけを分類すると、第 4-2 表のように集約される。

(1)　「環境」

　ボランティア活動を実際に始めるには、背中を押す何かきっかけが必要になる。ボランティアを比較的始めやすい人の特徴は、「ボランティア」という概念がすでに頭の中にある人達で、それは育ってきた環境や、社会人になって身をもって経験したことが背景にあるようだ。表では、「環境」として分類しているが、これらは直接的なきっかけというよりも、ボランティアに参加した人のバックグラウンドとして特徴的にみられた点である。

第4-2表　ボランティアや社会貢献活動に参加したきっかけ

要因分類	きっかけの種類	A社ケース	B社ケース
環境	家庭教育（※自身の子供の頃の環境）	A55f-F、A35-E、A25-D	B35-G
	学校教育、ゼミ	A55f-B、A55m-C、A25-A、A25-B、A25-D	B45-G、B25-E、B25-F、B35-F
	留学、海外在留経験	A45-B、A45-D、A35-B、A25-E、A25-F	B35-D、B35-E、B35-I、B25-E
	宗教（キリスト教）	A45-E、A45-F	B35-G
誘い	家族、友人、同僚	A55f-C、A25-E	B45-G
	趣味、習い事、地域（学校）	A55m-F、A45-C、A35-F	B55m-A、B55m-B、B55m-E、B55m-F、B45-D、B45-F
	仕事、顧客、会社	A55f-A、A55f-B、A55m-A、A55m-B、A55m-E、A45-D、A45-B、A35-A、A35-E、A25-B、A25-C	B55f-B、B55m-C、B55m-D、B35-C、B25-B、B25-E
経験、共感、恩返し	病気、介護、育児、災害など	A55f-D、A55f-E、A35-D、A35-E	B55m-D、B35-E、B35-H、B25-F

　家庭教育については、両親がボランティアや寄付に積極的で自身も子供の頃から年末になると募金することが恒例となっていた事例（A55f-F）や、ボーイスカウト、ガールスカウト、子ども会などの奉仕活動を行う団体に入団させていたことが現在の活動に影響を与えている。

　学校教育やゼミについては、私立のミッションスクールやインターナショナルスクールなどに通っていた人は学校で取り組んでいたボランティアや奉仕活動を常としており、その記憶が濃く残っていて、関係性が社会人になっても続いているケースもみられた。地域活性化を取り上げたゼミで東日本大震災の東北支援で特産品を売ることや、シャッター商店街の活性化に取り組んだ人もいて、いずれも社会問題に強い関心を持っている。

　留学や海外在留経験者はかなり高い割合でボランティアに参加している。A45-Dさんは、駐在するまでボランティアの経験なく、身近なものでもなかったが、駐在時に子供がインターナショナルスクールに通ったことをきっかけにボランティアをするようになった。「ボランティアがとても盛んで、親たちの考えは無償奉仕することが当たり前、「ちゃんとしている人はこういうことをやるんだという社会観」がある。そのことに触れて「あっというふうに思った」と話している。B35-Eさんも、駐在や留学で15年以上海外生活を送ってきて「ボランティアを比較的当たり前」に行う生活をしていたという。現在もその流れでホストファミリーをやったり、ボランティアを続けている。

　本人や親、家族がキリスト教徒であるというのも、ボランティア活動が日常とつながっている人の特徴のようだ。教会の奉仕活動の一環で体の不自由な人のプールの介助のボランティアを行う（A45-E）、両親がクリスチャンで、妻もボランティア活動に熱心に参加しているA45-Fさんは、養子縁組のNGOの会員で寄付をしたり、クリスマスにはホームレスに弁当を届ける活動をしていたり、東日本大震災の支援活動にも仙台の教会を通じて活動するなど、

ごく日常的に行っている。B35-G さんも、自営業だったこともあるが、町内会の役員を引き受けたり、お祭りの時に家の前に休憩所を出しておでんを 100 人前用意するなど、子供の頃から日常的にそういう光景を見て育った。本人は現在保育園の父母会の副会長を引き受けている。サラリーマンだと自分の子供に働いている姿をみせられないので、「PTA や町内会の役員をやるとなんとなくお母さんは仕事していると思ってくれている」ようだと話していた。

(2) 「誘い」

　ボランティアや社会貢献活動を始める最大のきっかけは、誰かに誘われて、というものである。今回のヒアリングでも数多くのボランティア活動経験者のきっかけが「誘い」だった。これはこれまでの調査研究からも知られていることではあるが、こういった活動には、人のつながりが重要であることが改めてわかる。

　家族や友人、同僚など、近しい人からの誘いが活動のきっかけになることは想像がつきやすい。A55f-C さんは、夫が関わっていた非営利組織の事務を依頼されて活動している。A25-E さんは、上司が活動していた NPO のイベントの手伝いに誘われて参加している。B45-G さんは、知り合いの誘いで東日本大震災の被災地支援の活動に参加している。

　趣味や習い事の延長で、その伝手で誘われボランティア活動を行っているケースも結構ある。前述の市民オーケストラに所属している B55m-F さん以外にも、茶道を習っていた A45-C さんは、茶道教室で日本文化紹介のボランティアに誘われて活動している。地域の活動や PTA などは、半ば強制的に誘われて活動することが多い。入り口は、そういった義務感や強制力が働いて活動に参加しているが、結果的に、地域の人とのつながりが生まれたりしている。

　「誘い」のカテゴリの中で興味深いのは、このヒアリング調査で、仕事関係から発展していくケースが意外に多いことである。仕事をしていく中で気づきや学びを得て、仕事の範疇を超えていくことがあったり、顧客との出会いの中で仕事を超えてつながりが広がっていたり、会社がアレンジした活動がきっかけとなっているケースもある。企業人としてボランティアや社会貢献活動を推進していく可能性はこのきっかけの中にあるのかもしれない。

　A55f-B さん、A55m-A さんや A55m-E さんのボランティア経験については前述したが、いずれも仕事で海外に行き、自分自身で何が出来るかを考えて活動を発展させていったケースである。A25-C さんも、駐在先で日本文化のイベント等のアレンジをするなど、会社の要請を受けながらコミュニティの活動を行っている。

　A25-B さんは、ボランティア経験の件で前述のように東日本大震災の被災地支援活動に参加する他、高校生のキャリア教育支援の NPO で活動している。この活動への参加は、現在の仕事の中で他社とのつながりで知り合った人から誘われたという。大学生や社会人と協力して運営のサポートをし、経験を活かしてサポートスタッフの目標設定や面談などを通じて、モチベーションを保ち、やりがいや成長を感じてもらうという。1ヵ月で 5 人ほど面談

する。夕方、終業後、子供を保育園に迎えに行く前の 30 分を使って面談をしているという。

　顧客からの誘いが活動のきっかけになっている人もいる。前述の B25-B さんは顧客からの誘いで小学校のトイレの掃除をしたり、B35-C さんは被災地で多くの顧客を抱えていたこともあり、被災地での植樹活動を始めている。営業職の場合、ボランティアや社会活動に熱心な顧客と接することがある。特に高額所得者ほどそういった傾向があり、そういった顧客は自身の資産を託す営業がどのような人物かを見定める傾向にあるという。

> 「営業という立場から、商品を売る際に、『あなたっていったいどういう人なの』というお客からの目がある。自分の内面の豊かさというか厚みというか。そういうものを持たせないといけないと思う」(B35-C)

　B35-C さんは、仙台から都内へ異動になった今も、現在の支店の同僚や後輩を誘って、毎年被災地支援のプロジェクトに参加しているという。

　会社側のアレンジがボランティア活動のきっかけになったケースは、A45-D さん（海外駐在時に支社でのボランティア活動）、B55f-B さん（外資系金融機関のボランティア活動）、B55m-C さん（海外支店でのビーチクリーニング）、B25-E さん（外資系金融機関のボランティア活動）などがあった。一部の外資系金融機関では、社員に年 1 回はボランティア活動をするよう熱心に呼びかけるもので、これをきっかけにして取り組みが広がっている話はよく耳にした。このことについては、7.会社での支援策の部分で後述する。

(3)　「経験、共感、恩返し」

　育ってきた家庭環境や海外生活でボランティア活動に接する機会がなく、誰から誘われるわけでもなくとも、自身の経験から恩を返す行動や、純粋に何かしなければいけないという衝動や当事者意識からボランティア活動を行う場合もある。

　A55f-D さんは、自身が病気で入院したことをきっかけに、その後病院のボランティアを行っている。2 年前に父親が他界し、母親が高齢になってきたために実家にもどって一緒に住んでいる。近所は高齢者が多く、買い物 1 つ行くのもままならない地域の現状をみて、移動を手助けするボランティアをしたいと思っている。

　A55f-E さんも病気で入院したことをきっかけに「本当に豊かな人生ってなんだろう」と考えるようになり、東日本大震災の被災地支援活動に参加した。現場に行って、専門性がある方が役に立つと実感し、専門性を身につけようと現在勉強しているという。

　A35-D さんは、現在介護の真っ只中で、ケアマネージャーや周りの人にたくさん助けてもらって生活と仕事の両立が出来ているという。現在は PTA や子供のスポーツチームのサポートの活動を行っている。また、子育ての中で自分が辛かったこと、悩んだことを糧に、いずれは社会的ビジネスみたいなものを作ってみたいと話していた。

「子供が小さい時に送迎がネックで習い事にあまり行かせてあげられなかったんですね。専業主婦とかだと、公文につれていったりとか、ピアノに連れて行ったりとかが可能で、やっぱりそこで差がついちゃったなと思っているので。(…中略…) 公文と組んで、保育園との往復を作るとか。(…中略…) そういう仕組みを作って、働くお母さんが楽になって欲しい。もしそれでみんなが幸せになったら、私もハッピーという」
　　(A35-D)

　A35-E さんは、シングルファーザーになってから、周りに助けられて子育てをしている実感が強い。ファミリーサポートサービスや廉価でサポートしてくれる有償ボランティアの支援団体にはすごくお世話になっていると話している。今は忙しくてボランティア活動から離れているが、将来余裕が出来たら活動したいと話している。

　　災害を目の当たりにして、自身でボランティア先を探して行動する人もいた。B35-E さんは、東日本大震災の際に、ボランティア先を探し、社内でボランティア活動があることを聞きつけて参加しに行っている。B 社での被災地支援活動は A 社ほど大規模でなかったため、行っていることを知っている人は少なかったと思われる。B35-H さん、B25-F さんは、阪神・淡路大震災や東日本大震災の際に寄付や支援物資を送ったりしている。親せきや知り合いなど、身近な人が被災地にいることが支援活動のきっかけになっていることがわかる。

(4)　ボランティア参加のきっかけを作ることについての小考

　　以上の分類から考えると、ボランティアのきっかけには2種類あるようだ。1つめは「種」となる経験、2つめは直接的な「働きかけ」「出来事」である。「種」になる経験は、第4-2表の分類でいえば「環境」の部分にあたる。無意識、自覚がない場合もあるが、両親の影響や、宗教的（特にキリスト教的）背景、海外生活を送る中で、自然にボランティアという世界を知るようになる。こういう「種」を潜在的に持っている人は、2つめの直接的な「働きかけ」（第4-2表の分類では「誘い」）や「出来事」（同表「経験、共感、恩返し」）が起こると、自覚的なボランティア活動に至りやすい。逆に「種」がない人の場合、活動のハードルが高くなることは実感としてあるようだ。

「僕なんか宗教とは全く無縁の世界で、ボランティアとか全く頭になくて、むしろ報酬もらうみたいな感じで思ってて、(…中略…) ボランティアという世界に踏み入れるためには多分、発想の転換というか、そういう教育なのかわからないですけど、(…中略…) 多分、発想を転換するための何かきっかけが必要なんでしょうね。」(A45-A)

　　では、A45-A さんが言うような「発想を転換するためのきっかけ」をどう作ればよいのだろう。A45-D さんも海外赴任するまで「種」が無かった一人だ。A45-D さんは海外生活の中でボランティアをするようになったが、最初のきっかけが楽しかったどうかが重要だと話し

ている。

> 「そういうの（子供の学校や会社で半強制的にボランティアをすること）で楽しかったなというのがある
> と、今度は本当の意味でのボランティアとか、そういうのに自発的につながっていくのかもしれないけど、
> なかなかそういうきっかけがないというのもあるんじゃないかと思いますね」（A45-D）

　また、A35-E さんは、ボランティアを行う人には「3 つの余裕」条件があるのではないか
と話す。すなわち、1 つめは「金銭的余裕」、2 つめは「時間的余裕」、3 つめは「精神的余裕」
（意思や will）である。この 3 つが揃わないとなかなか活動には至れないのではという。

> 「余裕という意味では、金銭的な余裕と時間的な余裕と精神的な余裕ですね。その場で見たとか、私みた
> いにサポートしてもらったとか、実体験が伴うと、（意思は）すごく強くなるんだとは思うんですけれど
> も。まあそういうのに触れていないと、なかなかそういうやろうという気持ちには普通の人はなかなかな
> らないのかもしれないですね」（A35-E）

　企業で忙しく働く人にとっては、2 番目の「時間的余裕」を持つことが難しい。特に子育
てや介護といった家庭の事情が絡んでくるとさらに時間に余裕が無くなる。そういう状態の
人を活動に誘うには、会社が半強制的にでも就業時間内に活動をする時間を与えるしかない
のかもしれない。A 社での東日本大震災被災地支援活動にウェイティングリストが出来るく
らい参加希望者が多かったのは、会社が時間と活動をサポートする費用を出していたからに
他ならない。まさに、参加する意思さえあれば「金」と「時間」は用意されている状態だっ
たといえよう。
　ハードルになっている何かを下げることによって、活動への参加が一気に促進されること
は間違いないだろう。

3.　ボランティアや社会貢献活動から得られたもの

　ボランティアや社会貢献活動を経験した人からは、その経験を通して感じたことや、得た
ことについて具体的な発言が多くあった。ボランティアや社会貢献活動は、何らかの問題や
助けを必要とする社会や第三者のために、解決や改善することを目的とし、自らの利益のた
めに行動しているわけではない。しかし、意図せず自身の考え方や生き方、あるいは人間関
係や仕事に副次的によい影響を与える効果があるようだ。第 4-3 表はその発言を要約したも
のを分類して示している。

(1)　充足、やりがい

　ボランティアや社会貢献活動を経験した人から、人の喜びや楽しんでいる顔や、「ありが

とう」という言葉が自分自身の喜びに変わるという言葉をよく聞く。また、支援しに行って逆にエネルギーをもらったという人も多い。

　A55f-B さんは長年に亘って自費で外国に行って日本文化の紹介のボランティア活動をしてきた。経済的にも体力的にもしんどいと思ったことは多かったが、続けてこられたのは行った先での人々の喜ぶ顔だったという。

　「経験した人なら誰もが言うのですが、現地に行くと、日本のことが好きな人がこんなにも沢山私達を待っていて、みんな目をきらきら輝かせ、『素敵な時間をありがとう』とか、人によっては手紙に片言の日本語で、それは何か幼稚園生が書くような字ではありますが、『ありがとう』と書いて渡してくれたり、そんな現地の人と触れ合うことによって、自分は日本人でよかったと思える瞬間が嬉しい。また現地の人をもっと喜ばせたい、もっと何かやってあげたいなと思うからなのではないでしょうか。モチベーションというか、やる気というか、何かそういう所につながるのかなと思います。」（A55f-B）

第 4-3 表　ボランティアや社会貢献活動から得られたもの

分類	要約	ケース
充足、やりがい	人の喜び、成長を感じられる	A55f-B、A55m-A 、B55f-B
	人の役に立てる、心が豊かになる	A55f-E、A45-B、A35-A
	エネルギーをもらえる、健康	A55m-A
	達成感、やりがい、モチベーション	A55f-B、A55m-A、A25-A
仲間、つながりの拡大	人とのつながり、仲間が増える	A55m-A、B55m-E、B55m-F
	異文化との交流	A55f-B、A55m-A、A25-F
	地域、地元とのつながりが出来る	A55m-F 、B55m-A 、B55m-E、B25-B
	思い、考えが共有できる、共感	B25-B
経験値の拡大	自分の中の引き出しが増える	A45-B
	経験することで意識が変わる、理解につながる	A35-E
	視野が広がる、いろんな考え方の人と触れられる	A25-B、A25-F
	異なるフィールドの人から教えてもらえる	B25-B
	自分の豊かさ、厚みが出来る	B35-C、B25-B
	現役のうちから、こういう活動に関わると、地域に戻っても、探す目線や経験値ができている。人との付き合い方も学べるので、定年後の活動が有利になる	B55m-E
仕事やキャリアに役立つ	仕事に役立つスキルや経験が身についてきている	A25-B、A25-F
	結果的に、今のキャリアと重なってきている	A25-B、A25-F
	何もない所から何かをつくり上げて結果を出すという練習が出来た	B45-F
	ボランティアのマネジメントを通じて、仕事の工夫につながっている	B45-F
	顧客との会話が広がる、自分の言葉で語れることが大事	B35-C、B35-E
	仕事につながった	B25-B
	社会問題を考えるきっかけ、自分のキャリアを考えるきっかけになった	B55f-B
	海外でキャリアを作る、選考で有利になる	B35-D、B35-I
その他	子供に活動をみせることができる	B35-G

－38－

海外で武道の NGO を立ち上げた A55m-A さんもまた、始めた当時高校生だった子が、小さな子供を連れて遊びに来るのをみると本当にうれしいと語る。渡航費もすべて自腹だが、それでも続けている理由は「一緒に稽古したメンバーの成長」や黒帯などの昇段審査の「受かった時の喜び」を見ることだという。フェイスブックでのやり取りでの楽しそうなやりとりも活動を続けるモチベーションになっているという。また、実感として元気になるというのも継続している大きな理由のようだ。

「毎年そこにいくとエネルギーをもらえる。飛行機に乗るまではしんどいんだけど、現地に着いたらスーパーマンになると。(…中略…) 稽古する前と後の体の軽さ、目が特によく見えるようになるとかね。血流がすごくよくなりますからね。」(A55m-A)

(2) 仲間、つながりの拡大

ボランティアや社会貢献活動に参加して得られるものの中で、人的な交流やつながりの拡大、自分の考えと共通する仲間が出来たということはよく聞かれる。こういった活動には、性別や年齢、働いている会社など関係なく、活動の趣旨に賛同して集まってくるため、普段出会わない人との出会いがあることも多い。

A55m-A さん (武道)、B55m-E さん (楽器)、A55f-B さん (日本文化紹介)、A25-F さん (XX 国に精通) は、それぞれが好きなことを見つけ、その延長線上にボランティアや社会貢献活動がある。会社という枠を超えて、武道や音楽、文化でつながる仲間が存在し、その縁からさらに活動が広がっていっている。

A55m-F さん (マンション管理組合会長)、B55m-A さん (子供のスポーツチームのコーチ)、B55m-E (子供のスポーツチームのコーチ) は、住んでいる地域での活動から地元での仲間が出来ている。地域のために時間と労力を割いて活動した結果、一段落して活動を離れた今も人間関係は続いていて、地域での居場所をみつけている。

B25-B さんは、顧客からの誘いで、職場がある地域の小学校での清掃活動に参加している。その活動から、生活上のつながりというよりも、仕事上のつながりが作れたという。もともと B25-B さんは、顧客からその NPO が掲げるミッションについて聞かされ、共感してボランティアに参加している。「ボランティアは、発起人や参加者の思いを自分が共有できるかが、一番重要な部分だと思う。共有できるタイミングがないとなかなか行動もできないのかなと思う」と話している。

(3) 経験値の拡大

ボランティアや社会貢献活動を通じて、「自分の引き出しが増える」や「視野が広がる」「人の厚みが増す」といったことが聞かれた。先述の人とのつながりが広がることにもつながるが、全く異なるフィールドの人と出会い、異なる考え方に触れることで、視野が広がり、

考え方に変化が表れることを自覚するようだ。

　A25-B さんは、高校生のキャリア教育の NPO で活動している。NPO での活動は、「かかわっている人もすごく優秀だったり、いろんな業界の人が情熱を持って、志を持って活動していたりするので、その活動に自分もかかわることで、自分も刺激を受けられたり、視野が広がったり、勉強になったりというところもある」と話している。A25-B さんは、会社だけの「モノカルチャー」に陥らず、こういった活動を通じて常にいろんな考え方の人と触れていたいという。

　A35-E さんは、シングルファーザーである。経験者しかわからない配慮と経験の難しさを話している。経験しないとわからないことが世の中にはたくさんあり、ボランティア活動を経験することで、多少はその問題の本質を理解することが出来るかもしれないという。

> 「配慮と経験って、多分弱者しかわからない（気持ち）。それこそ、LGBT とかであっても、我々はすごく配慮したつもりでの発言であっても、多分その人たちにとっては全然足りていなかったりとか、踏み込んでしまっていたりとかもあると思うので。社会でそういうマイノリティーの立場とか気持ちって、例えば、私がシングルファーザーですって言わなければ、普通に働いているお父さんにしか見えなくて、女性だとお子さんいらっしゃるのみたいなふうに言われても、男性への配慮って多分ないんですよ。だけど、実は家内が（他界した）みたいなことを説明すると変わってくるんですけれども。でも言わなければわからなかったりとか。経験していなかったら、特に男性の年配の方とかは、家事を自分がやったことがないので、お母さんたちがどれだけ大変なのかというのは、多分わからない。僕も、この立場になるまで、すごく家族愛にあふれた人だと自分で思っていたんですけれども、全然足りていなかったということを思い知りました。やっぱり経験しないと、なかなか難しいのかもしれないですね。」（A35-E）

　B25-B さんは、ボランティア活動を通じて、「違うフィールドで活躍する人からいろいろ教えてもらえるし、つながりがどんどん広くなっていく。また、仕事だけでなく社外でのつながりがあることが、人としての厚みにつながっていく」と話している。

　B55m-E さんも、ボランティアや社会貢献活動に現役時代から関わることで、経験値が増し、定年後の活動にもいい影響を与えると話している。

　ボランティア活動を通じて、経験値が拡大したと話す人達の多くは、会社の中だけの思考に染まりたくない、できるだけ外とのコンタクトを持って、いろんな考え方に触れていたいということを共通して言っている。年齢的にも、20～30 代と比較的若い層に多い。この年齢階層で将来のキャリアについて話を聞いた時に、憧れる人間像、自身が目指すべきリーダー像は、会社人間ではなく、家族も大切にして、仕事以外のネットワークも豊富な人という意見が多く聞かれた。A25-C さんは憧れる先輩社員について「しなやかというか、凝り固まっていないというか、こう素敵だなという、引き出しがいっぱいある感じ」と話していた。会社では、尊敬する先輩や上司の与える影響は大きい。そういった人達が率先してボランティ

－40－

ア活動をする雰囲気が会社内にあれば、自然に後輩にも伝播していくだろう。

（4）　仕事やキャリアに役立つ

　上記の「経験値の拡大」ともつながるが、もう少し直接的に現在の会社での仕事やキャリアに役立つという実感を持っている人が結構いることがかなり興味深かった。ほとんどの人はそういった効果を最初から期待していたわけではないが、結果的に仕事やキャリアにいい影響を及ぼしていると話している。

　A25-B さんは、現在関わっているボランティア活動について、「結果的に自身のスキルを使って貢献し、今後コーチングなどスキルをつけていきたいと思う分野でキャリアが重なってきている。明確に仕事に役立つ訳ではないが、例えば、部下の評価の面談をする中でモチベーションをどう上げようかとか、そういうところが役に立ってくるといいなと思う」としている。

　A25-F さんは、留学、駐在時に現地の歴史を学び、先住民族の文化や抱える問題などについても現地の人との交流を深め知見を得ている。結果的にその経験は仕事にも活かされ、駐在時には現地支社の現地社員との関係性も良好だったという。

　「XX 国の人と一緒に働くわけですけれども、彼らの思考回路だったり陽気に見えて実は根暗な性格の人たち、その背景にあるものがわかったり（…中略…）。普通に勉強しに来た人よりは勉強したぞという自負、XX 国大好きだぞというのを心から言える、それが職場の人にも伝わるのか、すごい XX 国好きだからっていう感じで見てもらえたのもあって、すごく仕事がしやすかった。」（A25-F）

　B45-F さんは、「何もない所から何かをつくり上げて結果を出すという練習ができた」と語っている。多くの営業店の協力が必要な仕事の場合、相手の時間を取らせないようにする、忙しい人の時間をいかに振り替えてもらうかを考え、工夫したといい、これらはボランティアに参加してもらう人のマネジメントに通じるものがあったという。ボランティア活動の中で練習し、仕事の中で応用していけることがあったと話していた。

　B35-C さん、B35-E さん、B25-B さんはいずれも営業職で、ボランティア活動を通じて顧客との会話が広がり、関係性の構築に役立つことを実感している。

　「お客様との社会貢献に関する会話をきっかけに、私たちもこんなボランティア活動をやっています、こんな経験をしました、あの方はこうおっしゃっていましたというような会話が広がるし、充足感につながると感じた」（B35-C）

　「私ずっと営業なものですから、当然どんなことが震災で起きているのかということを、自分の目で見て感じることが大事ですし、お客様の中には、結構ご自分で行かれてボランティア活動もされてという方も

多いので、私も同じ土俵に乗りたいというところもありました。」（B35-E）

「ボランティアっていいもんだなと思った発見が 2 つあって。1 つは地元の人々とつながって、実際にそ
れが仕事に生きてくるということ。そこで知り合った人々が、またいろいろなことをその人々から教えて
もらって、僕も教えてあげられることがあるというつながりがどんどん広がっていったというのがやっぱ
り仕事で生きた経験ですね。もう 1 点が、実際に僕、ほんとうにずっと仕事しかしていなかったんで、仕
事の話しか基本的にできない部分があったんですけども、お客さんの前に出たときに、僕、こんな活動して
いましてねということを伝えたりとか、実際にやっぱりそういう機会があれば、どんどん参加していきた
いなとは思います。」（B25-B）

　B55f-B さんは、外資系金融機関で働いていた時に初めてボランティア活動に接した。半
ば強制的に活動に参加させられるシステムだったが、子供の施設や DV シェルターで子供と
触れ合ったりという活動に興味があり、選んで参加していた。B55f-B さんは、その後、当外
資系企業を離職し、大学院に入学して心理学を学び始め、時を同じくして B 社への転職が決
まった。また、離職していた期間に友人が立ち上げた、子供のキャリア教育の NPO に関わ
り始めた。今後、以前取得したキャリアコンサルタントの資格を定年退職後に活かしたいと
考えている。
　B35-D さん（海外での就職）、B35-I さん（海外 MBA への入学）はいずれも海外在留経
験があり、その際の就職や MBA 入学への選考の際にボランティア活動や社会貢献活動の履
歴が重視されると話していた。B35-D さんは XX 国で就職するために、NGO でボランティ
アして一行でも実績を履歴書に書き込むことが重要だったという。

　「紛争解決 NGO と環境 NGO では、翻訳プロジェクトマネージャー兼翻訳者みたいな感じで、国連関係の
NGO では、日本で働いていたときの最初の仕事が編集者だったので、取材編集の仕事をしたりとか。通翻訳
者として米国市場で駆け出しの頃は、たとえ無給であっても、1 行でもレジュメに書けることが欲しいとい
う気持ちもありました。まだ十分プロフェッショナルとしてマーケットでやっていけない分野の経験を得る
ためにボランティア活動をするのは、XX 国では一般的なことです。」（B35-D）

（5）　その他（子供に活動をみせることができる）
　ボランティアや社会貢献活動から得られたものという括りでは、B35-G さんが PTA や町
内会活動をやることによって、ボランティア活動であっても親の働いている姿をみせること
が出来ると話していた。

　「うち自営業だったので、親の仕事をしている姿って見られたんですけれども、サラリーマン夫婦だと、子
供が親の仕事をしている姿って絶対見る機会がないので、何かこういう PTA だったりとか、町内会の役員

－42－

とかやると、何となくお母さんは仕事をしていると思っていて。それもいいかなと思って」（B35-G）

　ヒアリングの中では、子供を持つ親からの意見として、教育的視点からもこういった活動
に子供を一緒につれていけたらいいという意見が複数あった。代表的な意見としてB35-Dさ
んの言葉を引用する。

　「復興支援のこととかを聞いていて思ったんですけれども、子供を連れていけたらすごくいいんじゃない
　かと思うんですよね。思い出づくりにもなるし、子供にもすごくいいことだと思うので、家族ぐるみで参加
　できるようにしたらいいんじゃないかなと思いました。」（B35-D）

4. ボランティアや社会貢献活動を阻害する理由とハードル

　ボランティアや社会貢献活動に参加経験がある人がいる一方で、これまでこういった活動
経験がない人もいる。また、参加経験があるものの止めてしまった、今は継続していない人
も多い。ボランティア活動に参加しない理由、あるいはハードルは何だろうか。

(1) 忙しい、時間がない

　第4-4表をみると、最も多い理由は「忙しい、時間がない」ことである。その個別の理由
を列記すると、「労働時間が長い」（A55m-D）、「時間がない」（B55f-E、B45-E）といった
会社での労働時間を理由とするものの他、「子供が小さい、短時間勤務でボランティアをやっ
ている時間はない」（A35-C）、「シングルファーザー、仕事だけで余裕がない」（A35-E）、「父
母の介護で時間がない」（A35-D）、仕事と育児、介護といった家庭の事情が複合的に重なっ
て時間に余裕がなくなることがわかる。

　特に、30〜40歳代の人は、子育てに忙しく、女性の場合は短時間勤務で働いている場合
もあり、ボランティア活動をする時間的余裕はなさそうである。男性の場合も、平日家にい
る時間が少ない分、土日に育児に携わる人が多い。B35-Bさんは、2人の子育て中なので、
「（ボランティアすると言ったら）その時間子育てしてよ」と言われるだろうと話している。

第 4-4 表　ボランティア活動を阻害する理由

	具体的理由	主なケース
忙しい、時間がない	忙しい／時間がない／休みは用事を済ます／仕事以外の時間は家族に費やされる／土日は育児／子供が小さいと余裕が無い／父母の介護	A55f-A、A55m-D、A45-D、A35-D、A35-E、A25-A、B55f-C、B45-E、B35-B、B35-C、B35-E、B35-H、B25-E
負担が大きい	自費、自腹でお金がかかって続かない／やりがいはあるけれど大変／もう少し軽い活動がいい／短期だったらいいが長期にわたると負担が大きい／100％自腹で善意でやって報われない気持ちになったことがある	A35-B、A25-D、B35-F、B25-E
対価がない	できれば有給、有償がいい／無償で働くことに抵抗がある／モチベーションを保つために対価は欲しい／時間を使ってやるメリットがみえない／無償よりも対価があると違う	A55f-A、A45-A、A45-C
地域にない	住んでいる地域との関係を作りにくい／なじみにくい／きっかけがない／どういった団体を選んだらいいのかわからない	A55f-C、B45-G
情報がない	ボランティアと無縁なのでわからない／時間と興味はあるがきっかけがない／自分のやりたい活動をみつけるのが大変／どう探していいか、どういうのが自分に合うかわからない／ボランティアに関する情報がない／受け入れてくれる団体を探すのも大変／周りでボランティアをやっている人がいない／1人で参加するのはハードルが高い	A45-A、A45-F、B55f-A、B55f-D、B35-D
印象が悪い	NPOや社会貢献は遠い言葉、距離を感じる／NPO、NGOのイメージが悪い／NPO、NGOは運営が未熟、非効率／ボランティアをやったが、あまり大切にされなかった／ボランティア先の運営や人間関係が悪かった／団体のやり方に政治的なにおいがして喧嘩別れした	A45-C、A35-B、B55m-B、B45-C、B45-G、B35-A
ボランティアが身近ではない	社会的機運、会社内でやろうという動きが出てきたらやる／日本にはボランティアをやる雰囲気がない／教育・文化の違い／子供の頃からの意識付けがない／当事者意識がなければ参加しづらい／ボランティア活動そのものに疑問、まずは仕事、身近なところから／仕事の中で社会に貢献しているという実感が持てればやらない／ボランティアで仕事を不在にすることは考えられない	B55f-E、B45-A、B45-C、B45-E、B35-B、B35-D、B35-I、B25-D、B25-F

(2)　負担が大きい

　時間的な負担だけでなく、金銭的、精神的な負担が大きいことも参加を躊躇する理由である。ボランティア活動の負担が大きいと話した人は、ほとんどが過去か現在も継続的にかなり深くボランティア活動に携わった（ている）経験がある。その経験から、ボランティア活動が生活時間のかなりの比重を占め、少し活動量を減らす（あるいは止める）方向になっている。年齢をみると、多くは 20～30 歳代で、仕事や生活に費やす時間が増え、物理的にボランティア活動に時間が割くのが難しくなってきていると思われる。

(3) 対価がない

無償で活動するよりも、何らかの対価が欲しいという意見も聞かれた。定年退職後の経済的な理由も一部あるかもしれないが、それよりも自身の働きを何らかの形でフィードバックされることを望んでいて、それが対価という形で表現されているように感じられた。仮に、NPO 等で活動することになった場合の対価の額について聞くと、廉価でいいとする人がほとんどであったことからもわかる。A45-A さんは、対価が必要と発言していたが、突き詰めると「対価はモチベーションを維持するために必要」ということだった。

> 「別に 100 円でも 500 円でもいいんですけど、やっぱり自分がいい成果を出したら、500 円が 1000 円になったねという方が、モチベーションになるし、人の役に立ちさかげんがわかる」（A45-A）

少し詰めて話しを聞くと、対価としてお金を求めているのではなく、自分が使った時間や労力に対するリワード、すなわち「相手の役に立ったと思えること」あるいは「自分自身がすごく感動した、よかったと思える気持ち」を得ることを求めている人も多い。

A45-C さんは、日本文化の紹介で茶道の手伝いをした時に、着物が汚れたりしても頑張って活動したが、謝礼もなく、ありがとうの言葉もなかったとがっかりしていた。

> 「感謝の言葉とか、もうすごいよかったとか、すごく感動したとか、何かそういうのを感じたら、そこで少しは報われた感じもするのかもしれないなと思うんですけど」（A45-C）
> 「すごくつらかったりすると、なんで参加したんだろうと思ってしまったりするし、交通費ぐらいせめて欲しかったな」（同）

(4) 地域にない

住んでいる地域で活動したいが、関係性がなく、入っていけないと話す人もいた。都市部では地域との関係性が特に希薄になりがちである。子供がいる場合には、地元の小学校の活動から地域に馴染みが出来ることは多いが、子供がない場合や、子供が地元の学校に通っていない場合、子供が大きくなってから引っ越してくる場合などは、なかなか地域に馴染むきっかけがなくなる。また、仕事が忙しく地域に関わる時間がなかったということもあるだろう。

(5) 情報がない

「情報がない」のもボランティア活動に至らない理由で多くの人が話していた。これは、これまでボランティアとあまり関係なく過ごしてきて、探したこともないし、きっかけもなかったというものも含んでいる。「ボランティアと無縁なのでわからない」（A45-A、B55f-D）や「周りでボランティアをやっている人がいない、1 人で参加するのはハードルが高い」

（B55f-A）、「時間と興味はあるがきっかけがない」（A45-A）といった、2.ボランティアや社会貢献活動に参加したきっかけで述べた「環境」すなわち、これまでの仕事や生活の中で、ボランティア活動を身近に感じる環境や、身近な人や地域からの誘い、あるいは非常に困難な状況を誰かに助けてもらった経験などがなければ、ボランティア活動に無縁になる。単純に「どう探したらいいか、どういうのが自分に合うのかわからない」という意見も多くあった。

(6)　印象が悪い

　最近「NPO に対する印象が悪い」「悪いイメージがある」とする意見が一般的にも聞くことがあり、不正行為を行う一部の NPO に関する報道により NPO 全体のイメージが悪く捉えられる傾向がみられる。また、実際に脆弱な NPO、NGO が多いことも事実である。今回のヒアリングでも同様の意見が聞かれた。すでにボランティアをしている人にとっては、自分の活動している NPO とは別の出来事として受け止めるが、ボランティアをやったことがない人にとっては、活動から足が遠のく一因となっている。実際にボランティアをやった人の中でも、A45-C さん（茶道手伝い）、A35-B さん（被災地支援）、B45-G さん（被災地支援）は、いずれも初めて誘われてボランティアした団体で、嫌な思いをしており、それ以降足が遠のいてしまっている。

　A35-B さんは、インターネットで探して被災地支援に参加したが、1 週間ほど活動していると、その団体の人間関係や運営が見えてきたり、内情が聞こえてきて「どろっと」しているのかなと思ったと印象が悪かったことを話していた。B45-G さんは、知り合いに誘われて被災地支援に何度か参加したが、本当に求められていることなのか違和感を感じ、葛藤していたと話していた。

　A 社での座談会では、すでにボランティアしている人も「ちゃんとした団体を選ばないと怖い」と感じており、「ちゃんとした団体」にたどり着くよう会社が媒介すれば、「怪しい」「怖い」というイメージはある程度払拭されるのではないかという意見が出ていた。また、逆に自身がよい活動と出会えていたり、ボランティアを熱心にやっている人が身近にいる場合には、NPO がよりポジティブな存在に感じられるようだ。

　NPO 側の運営やボランティアマネジメントが発展途上で玉石混交であることは否めない。NPO 側も人手不足や後継者不足から脱却するには、ボランティアマネジメントのあり方を考え、受容力を身につけていかねばならないだろう。

(7)　ボランティアが身近ではない

　「ボランティアが身近ではない」という理由を話す人も多かった。会社や職場でボランティアが一般的ではない、そもそも日本という社会全体がボランティアをすることが一般的ではないという意見もあった。

5. 希望するボランティアや社会貢献活動の種類

事前記入表では、ボランティアの希望と希望する活動分野について聞いている。今後ボランティアを希望する人は、A社が26名（約9割）、B社が21名（約6割）であった。第4-1図は、ボランティア希望者の、希望する活動分野を集計したものである。これをみると、両社ともに「子どもの健全育成、教育」が第1位である。第2位以下をみると、A社は「国際協力」、「学術、文化、芸術、スポーツ振興」、「観光振興」の順になっている。B社は「学術、文化、芸術、スポーツ振興」と「まちづくり」が第2位、「社会教育」と「国際協力」が第4位となっており、少し傾向が異なっている。

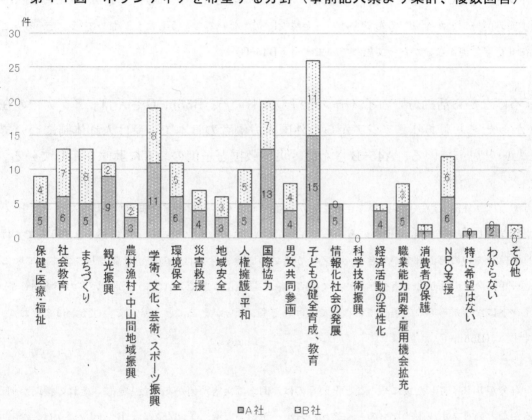

第4-1図　ボランティアを希望する分野（事前記入票より集計、複数回答）

具体的にヒアリング調査の中身をみていこう。

現在、ボランティア活動を継続中で、今後も続けていこうという人に関しては特に迷いも見受けられない。他方ボランティアの経験がなかったり、中断している人は、ボランティア活動をやってみたいと思いながら、きっかけや情報不足でたどり着けていないパターンが多い。活動してみたい分野もぼんやりとしている（あるいはなんでもいい）パターンと、活動分野はある程度絞れているが、どういった団体を選んだらいいのかとか、どういう行動をしたらいいのかがわからないパターンがある。

例えば、A55f-C さんは、「やりたいなと思っているけれども、どこに声をかけて、何を活動したらいいかわからない、きっかけがない人というのはいるんじゃないかな」と話しており、まだ分野も絞りきれていない様子だ。A35-B さんや B45-G さんも同様である。

> 「社会貢献活動したいとは思っているんですけれども、もう具体的なものはほんとうに何もなくて、ただ何かしないといけないなという、若干焦りみたいなものは最近出てきたという、それ以上、それ以下もほんとうになくて。で、何か新しいことを始めるって、やっぱりこう例えば退職して翌日からって、絶対始められるものではなくて、（…中略…）何か今から考えなきゃなと考えているだけで、皆さんのように具体的なやりたいこととかっていうのがなくて」（A35-B）

> 「ボランティアとかをしたら地元につながりができるかなと思って、地元でも何かやりたいなと思って区のホームページとかを見てるんですけど、全然役に立たないのでどうしようかなって思っているところで、現在進行形で何かないかなって思っています。」（B45-G）

　おぼろげながら活動分野のイメージを持つ人もいる。B55m-C さんは、アジアでの在留経験が長かったこともあり、アジアからの外国人労働者の日本での受け入れ体制について何か貢献したいと思っている。A45-B さんは、災害救援と子供の教育に興味を示している。

> 「やっぱり外国人が、日本語ができることが一番のセトルダウンと言いますか、日本でベースをつくる原点になるし、それ以外にも何かいろいろできるんじゃないかなという、いっぱいあると思うんですけども、自分はその中のどの部分ができるんだろうかということが今、自分の問題意識として強まっていますね。（…中略…）やはり日本語をどうやって教育し、小学校にうまく入れていくかというのが多分、最大のポイントになるだろうなと思っているんですけれども、自分がそこにどう絡んでいけるかはまだわからないです。」（B55m-C）

> 「自分がリタイアした後にやることというのは、例えば災害か何かあったときに、それの援助が何かできるかなというスポット的なものと、それからルーチンで、週に 1 回なのか、月 2 回なのかは、なってみないとわからないですけど、そこは自分の中では、子供の教育という、さっきの子供食堂というのがぴたっとくるかどうかはわからないですけど、やっぱり子供に対する、何か自分が役割がないかなというのはおぼろげに思っているんです。」（A45-B）

　希望する活動分野が、現在の仕事やキャリアの延長線上にある人もいる。A55m-D さんの場合は、「国際的ないろんな経験があるので、国際交流的なところでお手伝いをするとかね、例えば語学を新たに出してやれるものがあるのであれば、自分も多分楽しいでしょうし、切り口になるかなと思っていますけれども」と話し、自身の経験や知識を使うことを前提に活

動しようと思っているが、具体的には探せていない。A55m-C さんや、A55m-f さんも同様で、これまで培ってきたものを使って活動したいと思っている。

> 「やっぱり人の人材の育成だとか、それからそういうキャリアアドバイザー的なことで人の役に立つ、こういう形の仕事が一つ自分に合ったものではないかなと、こういうふうには思っています。」（A55m-C）

> 「昔は□□（スポーツ）も教えていましたので、その技能を使ったボランティア。それと、あとは IT 関連部署に全部で 6 年ぐらいいましたから、今 IT 教室とかパソコン教室とかありますけれども、そういうようなところだったりとか、あとは今やっている環境保全のスキルですね、これはもう世界共通でいろんなところで使えるので、そういったことを使った何か社会貢献ということも、やれればいいかな。」（A55m-f）

ボランティアをやりたいが、子育てなどの家の事情があって今は難しいという人もいる。A35-E さんは、シングルファーザーでファミリーサポートサービスや、廉価で有償ボランティアでサポートしてくれる支援団体にはすごくお世話になっている。その恩返しで将来余裕が出来た時には活動したいという希望はあるが、今の状況で「パラレルはまず無理」という。B35-H さんも同様に子育て中だが、身近で、あるいは子供も一緒に参加できるような活動を希望している。

> 「余裕があれば。でも、私の第一のプライオリティは家族じゃなきゃいけないし。なので、そこでプライオリティをつけるとなったときに、ボランティアが上がってくるかというと、どうだかはわからないです。」
> （B35-H）

ボランティア活動の推進は、やりたいがどうしたらいいかわからない、いわば迷子になっている人をうまく取り込んでいければ広がりをみせていくだろう。イメージが漠然としている人は、とりあえず参加してもらいながらイメージを絞っていってもらうこと、分野が定まれば、団体を探し、紹介することも可能になる。また、企業人の多くは忙しく働いており、細切れの時間であっても、手短に細く長く続けられるような活動や単発で終わるようなイベントなど、自身の置かれた状況で選択できるメニューが望まれるだろう。

6. パラレルキャリアと定年退職後の生活のイメージ

ここでは、定年退職後の働き方とパラレルキャリアの可能性についてみていきたい。今回のヒアリングから、現在は忙しくて活動できないが、いずれ活動したいとほとんどの人が話していた。では、定年退職後の生活をどのように思い描いているのだろうか。まだ若く定年退職が想像つかない世代はパラレルキャリアについてどう考えているのだろうか。

定年退職後の不安については、前章で述べられている通りだが、45 歳以上のグループで

定年退職後の生活について考えはじめ、55歳を過ぎるとイメージが具体的になってきたり、イメージがない場合は不安が強まるようである。

　定年退職後のイメージが具体的な55歳以上のグループと55歳未満のグループに分けてみてみよう（第4-5表-1、2）。

(1)　55歳以上のグループ

　55歳以上のグループでは、再雇用制度の利用について具体的に考えており、まだ子供が成人していないなどの理由から経済的に働き続ける必要があるとする人がいる一方で、再雇用中の仕事内容や働き方に疑問を投げかける人も少なからずいた。また、定年退職後にセカンドキャリアを始めるにしても、いつからどのようにエンジンをかけるかを問題点としてあげる人が多く、兼業・副業の禁止規定がセカンドキャリアへの乗り入れを阻害しているのではないかという意見が多くみられた。

　多くの55歳以上の人が、定年前の体力のあるうちに、自分のやりたいことを見つけて舵を切りたい、切る準備をしたいと願っていることがわかる。40〜50歳代ですでに自身の行くべきセカンドキャリアを見出している人もいるが、定年退職までは本業に全力で取り組んでいてセカンドキャリアなど考えない人もいるだろう。そういう人にとっては、再雇用期間がセカンドキャリアをみつける最後のチャンスになるかもしれない。

　このようなことからも、会社での兼業規定を50歳以上になった場合や、兼業先が非営利組織の場合、一定の収入未満の場合などで緩和することで、現在の会社からの軸足が自然にセカンドキャリアに移っていく「助走期間」になることが想定されるだろう。

(2)　55歳未満のグループ

　55歳未満のグループでは定年退職後や再雇用のイメージはまだ具体的でないものの、本業とは別の自分の生き方やキャリアの可能性を探っている様子がうかがえる。会社という枠も社会貢献活動という枠も超えて、自分自身の興味を押し広げて、世界を広げたいという意欲がみえる。その結果、社会貢献活動につながったり、自分自身のキャリアや会社の業績にもつながっていく。パラレルキャリアを持つことで、社会に対する視野を広げ、定年退職後に新しいキャリアを始めるきっかけにもなるだろう。

第 4-5 表-1　パラレルキャリアと定年退職後の生活イメージ（55 歳以上）

55歳以上グループ　要約		ケース
再雇用制度について	（再雇用の）仕事が「おもしろそうな人をみないという」	A55f-A
	セカンドキャリアを作る「助走期間」としての制度にはなっていない。仕事の内容がおもしろくなさそうにしている人をよく見る	A55f-C
	再雇用制度はあるんだったら使いたいなと思う一方で、他のことをした方がいいのかなとぐらぐらしている。通勤時間が長く、2〜3年後続けているのかというのには疑問。与えられる仕事内容についても、どうなのかなと思ったりする	A55f-D
	子どもが小さいので、再雇用で働く必要がある（収入が必要）	A55m-A
	定年後再雇用で嘱託で働いている。子供4人で一番下がまだ学生なので経済的にも働き続ける必要がある。子供が卒業したら有償ボランティアのような形がいい	A55m-B
	子供がまだ学生なので定年後もしばらくは経済的に働き続ける必要がある。老後も有償無償別にして社会とはずっとかかわっていけるだろうなという自信めいたものがあり、不安にはならない	A55m-C
	年金が支給されるのが61歳からなので、61歳まではフルタイムで働くつもり。それ以降は3日か4日かとも思うが、3日になると家に引きこもるようになる可能性があると思っている。なので働ける限りはフルタイムで働こうかと思っている	B55f-A
	定年後も再雇用で働くつもり	B55m-G
兼業・副業とパラレル、セカンドキャリアについて	「どこからセカンドを始めるかということをもう考えていますし、60になってから全く新しいことをやるわけにはいかないだろうと思っているので、そろそろそれを考えて、じゃあどこからエンジンを入れますかと。そういうことでいうと会社には兼業をオーケーしてもらわないと困りますというふうに思っています。そうじゃないと、次は始まりようがないんですよね」	A55f-A
	収入を求めて働きに行くという、今の延長線ともちょっと違う関わり方をしたいなと思う	A55m-E
	将来的には経済的にもまだ働かないといけないが、パラレルで活動をしていきたいと思う	A55m-F
	セカンドキャリアを始めるには、兼業がやっぱり大事だと思う。一般の社員も、会社をやめてスタートアップするというのは、余りにもリスクが高くて、二の足踏んでいるところが多いと思う	B55m-C
その他	今は勉強したいという気持ちが強くなっている。大学や大学院に入りなおすとか、もっと勉強しなおすとか。やることがいっぱいある	A55m-D
	定年前の社員対象（58歳）の研修を受けた。その中で社会的なつながり（コミュニティ）は3つ以上持とうということを聞いて、その通りだと思った。コミュニティの数を増やしたいと思い、□□（スポーツ）の会に入った。介護で何も出来ないと思うと本当に何も出来ない状態になると思うので、少し時間を作ってでも行こうと思っている。今からやらないと、絶対に定年になってから考えたら遅いと思ったので、今から始めようと思った	B55f-C
	自身の父親が亡くなり、遠方に住む母親の面倒をみに月に1回帰っている。「海外で自由に楽しくしていたんですけども、（…中略…）何か犠牲にしてきたのかな。今一気に自分の人生に戻ってきている」という。これまで転居は31回だが、ようやく日本に落ち着くかんじでこれからの生き方について考え始めている	B55m-C

—51—

第4-5表-2　パラレルキャリアと定年退職後の生活イメージ（55歳未満）

	55歳未満のグループ　要約	ケース
パラレルキャリアについて	昨年からプライベートで□□の養成講座に通い始めている。「体はもっと大変だったんですけども、いろんな、全然会社という枠組みじゃない方にも出会えるし、何かちょっと違う世界が見えた気がして。何かちょっと楽しくなれた気がして」	
	SNSやクラウドソーシング形態で、「余暇の部分で自分が打ち込めることで、かつちょっとでも人の役に立っている気がするようなものがあれば、セカンドキャリアではない、副業まではいかないかもしれないけれどやれるのかな」	A35-C
	将来的にカウンセリングの資格を活かして社会貢献活動をやりたい。ファミリーサポート、医療関連など、お世話になったところに返していきたい。社会貢献活動を通じて自分の中の小さな可能性を芽吹かせる可能性を感じている。	
	下の子供が来年小学生になるので、少し余裕が出てきている。子育てで手がいっぱいで10年くらいは何も考えず、日々の糧ばかり考えていた。社会貢献も、仕事も、今までだったらこう「バサバサあきらめてた」が出来るようになってきている。「仕事だと会う人は限られているので、それ以外で自分が興味のある分野、働き方とかダイバーシティとか、そういう横のつながりみたいなものも、今までは仕事と家事をいいわけにして出来なかったというのも、もうちょっとやっていきたい。」	A35-F
	どうしても会社で徐々に年齢が上がって、立ち位置が上がっていくと、人間、凝り固まってしまう。いろんな組織に属して、自分が凝り固まらないようにしたいなというのは日頃すごく思うんですが、一方で忙しいということもあって、何かそこで止まってしまうという状況がある気がします。	A25-C
	別にボランティアだけじゃなくて、例えば起業したりだとか、NPOの支援とか、寄付とか、いろんなやり方があるなと思っていて。ボランティアに限らず、ちょっと大きな枠で考えられると（パラレルキャリアの）敷居が低くなるんじゃないかというところは漠然と思ったりする。	A25-E
定年後のイメージ	定年退職後はお店（食べ物）をやりたい。無給よりも有給で働きたい。親4人が高齢になってきているので、介護が間近に深刻に感じる。	B45-B
	無給ではなく有給で働きたい。定年退職後のことについては具体的に考えていない。	B45-E
	「定年になったら肉体労働系の方がいいかな。平日はゴルフをやって土日はボランティア活動というパターンになるでしょうか。（…中略…）定期的にばしっとやるのはしんどいんだろうなという感じはしますね。（…中略…）デスクワークはもう勘弁してください。」	A45-F
	会社が「支えてくれている」時にしかできないこと、「自分の時間の使い方であったり、自分の気持ちの置き所であったり、これからの十何年の間に整理をしていきたい。」	A45-B
	働いている間はやらないと思うが、リタイアの5年前くらいになったら考え始めるかもしれない。	B45-C
	「最近、人生ってあっという間って何かしみじみ考えることがあって。で、職場の近くでも、嘱託で働いていらっしゃる方とかって、ぽつぽついるんですけれども、私自身、じゃあ会社定年になった後って、何が幸せなのかなっていうことを結構具体的に考えるようになって。そのときの色鮮やかな人生っていうふうに近づけるためには、ボランティアって一つの機会なのかなと思うんですが。」	A35-B

7. 会社での支援策

　グループヒアリングでは、働いている会社でボランティア活動を推進、支援するにはどうしたらよいかについて聞いている。第4-6表-1、2にＡ社とＢ社に分けて聞き取り内容をまとめている。なお、Ａ社はボランティア休暇制度を導入済みだが、Ｂ社は未導入であるため、ボランティア休暇の導入を求める意見が多く出ていた。

　Ａ社、Ｂ社の意見をまとめると、以下の6つに分けられる。

① 信用できるNPO、NGOをボランティア先として紹介すること。

　ボランティアに興味があって、やりたい分野があったとしても、NPO等のボランティア団体を選択する段階で、どれを選んだらよいかわからないという精神的ハードルが高い。そのハードルを越えるきっかけとして、自分の身近な人から誘われることがあるのだが、そういうきっかけがない人が参加するとなると、どうしても被災地支援やオリンピックなどの大きなものになる。子供食堂や地域に根差した小さな活動に行くのは難しく、そういう最初の一歩になるようなNPO等のボランティア団体を会社がスクリーニングして紹介するだけで、一気にハードルが下がるだろう。

　また、昼休みや就業時間後などの短い時間を利用して、NPO等が活動紹介がてら、ボランティア活動が出来るような仕組みがあるといいと話す人もいた。実際に、就業時間後の30分程度を利用して、電話相談を受け付けたり、学生ボランティアの面談役（メンター）をやっている人もおり、活動分野ややり方の工夫で不可能ではない。

　複数の人から参考として上がっていたのは、ある外資系金融機関で積極的に行われているボランティア活動の推進方法である。実際に以前勤務していた間に多くのボランティアを会社経由で紹介され経験していることもあり、参考にすべき事例であろう[3]。

② イントラやメールでボランティア情報を提供すること。

　NPO等のボランティア団体を紹介する際に、イントラネットや社内メールをツールとして活用するアイデアが多く出ていた。ボランティア情報を載せる際には、ボランティアの内容、日時や場所といった情報以外に、ネット上から申し込みが出来ること、参加者がわかる

---

[3] 1年に1回行うことが義務づけられており、ほぼ全員行っているという（ただし罰則はない）。ボランティアをしたら1日ボランティア休暇がもらえる。信用できるボランティア団体やNPOを選定する部門に何年も専門でそのことをやっている人がいたという。会社にはボランティア活動専用のウェブページがあり、そこで日時と活動内容が紹介され、自分がやりたい分野や、都合のいい日を選んで検索し、参加申し込み出来るようになっている。また、応募した人が誰かがウェブ上に表示されるので、誰が行くかがわかる。ボランティアには施設に行って子供と遊ぶ、花壇の手入れをする、ペンキを塗る、海岸の清掃、多摩川の清掃などさまざまなものがある。提携するNPOには、ボランティアプログラムに社員を派遣するという形になっている。ボランティアを紹介する専門の部署では、NPO等ボランティア団体と話をしながらボランティアプログラムを作っていく。ボランティア活動の紹介は3月から6月くらいまでとキャンペーン期間がある。社員からのフィードバックもあり、評判が悪ければ次からは派遣しないということになる。上層部の意識が高く、個人的に数百万レベルで寄付をする人もいる。

こと、社員の生活や仕事の状況によって期間や活動分野の選択肢があることも重要で、単発なのか、細く長く通年で出来るような内容なのかがわかるのがよい、さらに口コミで以前参加した人のコメントがみられることなどがあると参考になるという意見が出ていた。

また、全国に支社を持つＢ社で多く出た意見は、地域をまたいだボランティア活動があるといいという意見だった。地域のお祭りやイベントに支社全体で参加することもあり、その際にイントラネット等で呼び掛けて、全国からボランティアが来てくれればという意見もあった。

Ａ社では、「同志」が集まるサークル活動のようなものを、イントラネット経由で参加を呼び掛けることで活動が広がるのではないかという意見も出た。

③ 上層部や上司が推奨し率先して参加するなど、ボランティアしやすい雰囲気を作ること。

この意見は特に若手社員から多く出ていた。若い社員は職場の中で立場が弱いためになかなか仕事を差し置いてボランティア活動に参加するとは言い出しにくい。また、上の立場であっても会社や職場全体の雰囲気が変わらないとなかなか行けないという意見が多くあった。雰囲気を変えるためには、まずトップや上の役職についている人達の考え方や行動が変わることが必要で、社長や役員が率先してやっているという発信をした瞬間に変わる。上が動くと物事が早く進むというのも大きな組織の特色といえるかもしれない。

④ 半強制的にでも平日に活動すること。

③とも関連するが、会社の方針の１つとして取り組むということになれば参加しやすいという意見が大半を占めた。Ａ社のある海外支社では、現地社員の発案で平日の半日を使ってボランティア活動を行っていて、支社全体で呼び掛け、多くの社員が参加している前例があり、これを日本でも見習って展開してはどうかという意見があった。当初、ボランティア活動を理由に特定のサボる社員が出てくるのではないかなどの懸念があったが、特に大きな問題なく現在も続いているという。育児や介護に忙しい生活を送っている社員にとって、土日や休日は家を空けることが難しく、平日の就業時間中に出来る活動であれば問題なく参加できるという意見が多く出ていた。

ボランティア休暇制度があったとしても未消化の人が多いことからも、会社が推奨するボランティアプログラムに参加すればボランティア休暇が自動的に付与されるといった、活動参加と抱き合わせのシステムを検討することが有効と考えられる。

⑤ 親睦やコミュニケーションを深められる活動、家族も参加できるプログラムを作ること。

日本全国に支社を持つＢ社では、地域のお祭りやイベントに支社の社員が参加することも多い。こういったお祭りやイベントのボランティアを広く全国から募ることで、ボランティアに来る人は旅行も兼ねて、同じ会社で違う地域に住む人とコミュニケーションを広げら

れる。ボランティア活動は立場や役職、仕事を超えて新たな人間関係を育める可能性がある。

　子供がいる社員からは、家族も一緒に参加できるプログラムを求める意見が出ていた。子供の社会勉強として、親も一緒に考えられる機会があれば、家族旅行を兼ねたボランティアプログラムに参加したいという意見もあった。

⑥　人材育成の一環として位置づけること。

　ボランティア活動に参加した人は、活動を通じて多くのことを学んだという。3.で述べたように、ボランティアや社会貢献活動を通じて、「自分の引き出しが増える」や「視野が広がる」「人の厚みが増す」といったことが聞かれている。全く異なるフィールドの人に会い、異なる考え方に触れることで、視野が広がり、考え方に変化が表れることを自覚する。働き方にダイバーシティが求められる今、仕事や会社ではない出会いをあえて作る必要があり、ボランティア活動を研修として位置付けてもいいのではないかという意見もあった。

　また、B社ではボランティア活動を人事評価の対象にする、ボランティア活動を社内でフィードバックできる機会を与えるなど、インセンティブを刺激する考えも出ていた。

第 4-6 表-1　会社の支援策への提案内容（A 社、要約）

概要	A社：会社の支援策の提案内容　要約	ケース
海外支社のやり方を取り入れる、平日に実施する、上層部が積極的に取り組む、サボリは助長されない	海外の支社でやっているボランティア活動のやり方を取り入れる。／土日ではなく平日の就業時間内、年6回、社内で呼び掛けてやる。NPOと連携して、独居老人のお宅の清掃をしたり、車いすのこどもを水族館につれていったり、知的障がい者施設にサンタの格好をしてクリスマスプレゼントを届けたりした。毎回十数人、年間数十人が参加した。／上層部が積極的だったので、結構みんな参加していた。／上司の中にはサボリを助長するんじゃないかと心配する声も多かった。特定のメンバーだけいつも抜けて、他の人にしわ寄せがいくのではないかとか。やってみたら大きな問題なく現在も続いているということはそれなりの意味があることだと思います。	A55m-E
NPOを紹介する、会社が後押しする	ボランティアを後押しするような仕組みを会社としてやっていく。／信頼できるNPOを後押しする。	A55m-F
人事研修に組み入れる	「人事研修の中にボランティア活動を入れ込んでいく。（…中略…）商社マンとしてのあり方、人も幸せになっていただいて、自分も幸せになるんだよみたいなことをちゃんと教える（社会人教育の大切さ）」	A45-A
細く長く携われる支援を作る	細く長く携わっていくものを作るべきだ。東日本大震災の時のような、あれほど大がかりじゃなくていいので、小じんまりでも会社として支援を継続してやっていく。多くの人がだんだんそういうのに触れていくと意識は高まっていくし、3年、4年ぐらい経っていったときに、実ビジネスになっていくとか、もしくはセンスが入ってくる。ポイントはそれを1年2年で答えを出そうとしないこと。最初は30〜40人しかかかわらなくて、100人にしていくには結構な時間がかかったとしても人材育成のコストと考えるならばあまり惜しむ必要はないのではないか。	A45-B
ボランティアサークル、ボランティア情報の提供する社内システム	信用できる寄付先を紹介してほしい。／会社のイントラとかでボランティアのお知らせが出るようにする。	A45-C
海外支社のやり方を取り入れる、ボランティア休暇制度をうまく使えるようなプログラム	海外の支社にいたときに、創業記念日にボランティアを募って車いすの子供たちを水族館に連れて行くという活動があった。かなりの人が手を挙げて行っていた。半日とか会社を抜けていいよというふうになったと思う。／1か月に1回程度で、ボランティア休暇制度やプレミアムフライデーを使うってやり方もあるかもしれない。自分の得意分野が活かせるような活動分野の選択が出来たらいい。創業記念日などに活動参加する。	A45-D
ボランティア団体の紹介、会社内での研修会、講習会など	会社がフードバンク、子供食堂等のNPO拠点を紹介してくれる。／サークル活動で、都合のいい時に誰でも行けるような制度があったら、いろいろな人がこれまでボランティアをやったことがない人も経験できるようになるのではないか。	A45-E
信用できるNPOの紹介	信用できるNPOを紹介してほしい。	A45-F
ボランティアサークル、会社が運営に関わるボランティアに半強制的に関わる	ボランティアサークルのようなものがあればやってもいいかなと思う。／「会社で金と時間を与えるからやりなさいというパターンがあると思うんですよね。会社の強制的ボランティア、ちょっと言い方はあれですけども」。ボランティアの運営面で、会社が被災地支援を行った体制は、金と時間を会社が用意し、運営面でしっかりしていたので、安心して活動出来たと思う。	A35-A
会社からの要請、半強制的なボランティア	会社からの要請があればやりやすいし、きっかけとして大きい。	A35-E
ボランティア情報の提供、選択肢の幅が欲しい、トップの積極的参加	活動のジャンル、期間が短いものから長いものまで選べるのがいい。／活動の雰囲気とか、「トップが行ってきました」といった情報があるといいなと思います。	A35-F
海外でのボランティア募集のやり方を参考にする、ポイントなどのインセンティブ、ネット上からの参加申し込み	XX国のマラソンボランティアは同主催団体が行うマラソン大会が同国各地であり、ボランティアに参加することでポイントが溜まる。ネットでどのくらいポイントが溜まっているか見ることが出来、ポイントが溜まると高額のお金を払わないと出れない大きな大会などに安くで出れるようになるという。ネットではマラソンのスケジュールが出ていて、ボランティアもそこから申し込めるようになっている。	A25-E

第4-6表-2 会社の支援策への提案内容（B社、要約）

概要	B社:会社の支援策の提案内容　要約	ケース
他社の先進事例を参考にする	外資系金融機関のボランティア活動推進の方法は参考になると思う。	B55f-B
地域色のある活動、ボランティア休暇の導入	支店を巻き込んだいろんな地域のものがあった方がいい。遠くても旅行がてら行ってみたい地域もあるかもしれない。／支店間、支店内のリレーションシップにもつながると思う。受入れ側は固まらず来てくれた人を阻害しないコーディネートが必要。ボランティア休暇を導入して欲しい。	B55f-C
ネット上のボランティア紹介、研修に組み入れる	ボランティアの紹介ページがあるといい。／研修にとりこんでしまえばいい。体験することが大事。	B55f-D
半強制的なボランティア	半強制的に1年に1回とか2回とかやりなさい、12月までに、というふうにしてもいい。	B55f-E
ボランティアできる自由な雰囲気、ボランティア休暇の導入	ボランティアは個々人が自由に選択してやれることがいい。／ボランティア休暇については、「若い人は多分、積極的にとっていくと思う」ので、あると取りやすくボランティアもやりやすくなるかもしれない。ボランティア活動に対する支援は必要ないと私は思うが、次のジェネレーションは違うかもしれない。	B55m-A
会社でボランティアを紹介するしくみを作る、ボランティア休暇の導入	会社がボランティアを紹介するようなしくみを作れば参加しようと思う。どういう人、グループが参加するのかは事前に知りたい。例えば参加者が若すぎるとかだとしんどい。体力系なのか知力系なのかも知りたい。自然な形で道が作られていくのがいい。／ボランティア休暇制度は、自分の近くにいる40歳代はとるだろうなと思う。	B55m-B
ボランティア休暇の導入、兼業規定の緩和、ネット上でボランティア情報を発信	イントラにOBも社員もつながって、どういう活動をしているのかわかるとよい。会社に働いているうちから興味があれば活動に参加できるような。／会社を退職していきなりフリーで頑張るのはしんどいのでそのつなぎとして、助走期間としてあるといい。／兼業やボランティア休暇というシステムと、イントラで情報のつながりがあったらいい。	B55m-C
ボランティアのしくみを作る、ボランティア休暇の導入、上層部の行動	ボランティアも寄付も長く続けられるような仕組みができているのかどうかが大切。／ボランティア休暇制度を入れたら、取る人は出てくると思うが上の人間の行動次第というところもある。	B55m-D
細く長く続けられるボランティアのしくみ作り、ボランティア休暇の導入、オリパラボランティアの活用	思いのつよいボランティアの人が中心にやっていると、疲れてしまったりいなくなったりしたら活動もあっという間に衰退する。細く長く続けられるしくみが必要。／ボランティア休暇制度があればとる。ボランティアに対する企業の風土は大切。ボランティア休暇制度が風穴になるかもしれない。／オリパラやスポーツイベントでもハードルの低いボランティアからでも会社が募集していくというのは賛成。ただ、選ぶのは本人なのでいろいろなところから選択できることが望ましい。会社関係だけでなく、自分の住む地域なども含めて。	B55m-E
ボランティア休暇の導入、ボランティア情報発信、半強制的なボランティア	ボランティア休暇を入れて、ボランティアのメニューがあったら。／何がどこであるかの情報がわかって、とれる休みがあるなら「じゃあせっかくだから試してみようかな」と思うのでは。／最初は半強制的でも何でも、やってみて続けていくということがあるかもしれない。	B55m-F
上のポストからの推奨、ボランティア休暇の導入	ボランティア休暇制度を作って、部店長や課長といったポストの人達が奨励していく。会社としてはまず作ってどんどん奨励したらいいと思う。その上で何をするのかはもう完全に本人の自由という形でやればいいのでは。	B55m-G
イントラでのNPO、ボランティア情報の紹介	社内Webで安心できる団体を紹介してもらい、知っている人と一緒にいけるというのはよい。	B45-A
イントラでのNPO、ボランティア情報の紹介	イントラのホームページにボランティア情報を載せる。	B45-B
知り合いからの誘い、口コミがわかる情報サイト	知り合いからの誘いが大きい。口コミも大きい。／食べログ的に評価情報があるといい。ここなら安心だと思えれば、飛び込みでも電話しやすい。	B45-C
人材育成という見地からボランティアを推進する、ボランティア、NPOの紹介	ボランティア活動は人材育成になるので、会社で推進してほしい。若い人は参加しにくい雰囲気があるだろう。若い人に（ボランティア活動を）やってもらいたいと思った時に、会社の中ではそういう活動に参加する優先順位は上にないという軸があると思う。ただ、会社がそういうことをやることで人材も育つとかというのをはっきり言った中で活動に参加できるようになれば、若い人がキャリア形成する中で必要なこととしてやるようになるのでは。会社の中の雰囲気とか、上の人でそういうことをやられて偉かったという人が続出するとかですね。／短時間のボランティアの情報が欲しい。終業後6時から1時間行けるような。移動距離と移動時間の間で出来るようなボランティア、会社内で出来るような活動の工夫（電話相談など）。会社で団体のスクリーニングをしてくれれば安心して、変なことに加担しなくて済むという確証があるのでいい。	B45-D
ボランティア情報の提供	いろいろな団体やボランティア活動がたくさん出てきて、みんなが参加するようになれば、偏ったり特定のイメージがなくなっていくと思います。また、誘われて断る人も少ないと思うし、なんとなくやっていない人も多いから、情報が増えれば、やる人も増えていくと思う。	B45-E
楽しめるボランティア、社内親ぼく、家族も参加できるボランティア	会社には生産性の高い人がたくさんいる。この人材がボランティアをやるようになったらすごいことが出来る。震災ボランティアに会社の部の人達で行ったことがある。外国人も含めてみんなで遠足気分で楽しかった。楽しくないとだめだと思うので、ボランティアとレクを絡めてやるみたいのがいい。支店でお祭りに行くというのもあるけど、そういう楽しめるボランティアがいい。休日に子供を連れていけたら。家族一緒にコミュニケーションもとれる楽しいボランティアがいい。	B45-F
イントラでのNPO、ボランティア情報の紹介	社内のWebに情報が載っていたりすることもある。子供の施設へのクリスマスの慰安など。でも誰が行くのか、知ってる人いないしやめとこうみたいになる。もうちょっとどういう人がやっているのかわかると安心。	B45-G

—57—

（第 4-6 表-2 つづき）

概要	B社：会社の支援策の提案内容　要約	ケース
上のポストからの推奨、誘い	尊敬する上司や先輩に誘われたら参加すると思う。	B35-B
社内の雰囲気づくり	まだボランティア活動が身近であるという空気は、私の周辺にも、社会的にも醸成されていない。そのためにどういう施策が必要なのかわからないが、そういう空気作りがまず必要。	B35-C
家族も参加できるボランティア	子供を連れていけたらすごくいいんじゃないかと思うんですよね。それを家族のイベントにしてしまえば、思い出づくりにもなるし子供にもすごくいいことだと思うので、そういう支店の方々が参加しやすいような行事があるようなときは、特に家族ぐるみで参加できるようにしたらいいんじゃないかなと思いました。	B35-D
オリパラボランティアの活用、社内のボランティアマッチングのシステムを作る、支店、地域でボランティアを募る、半強制的なボランティア	オリンピック、パラリンピックのボランティアを会社としてやる。こんなの一生に1度あるかないかみたいな話なので、何かできるんじゃないかなと思うし、主体的にかかわりたいなと思う。こういう機会をうまくきっかけとして使ったらいい。／社内でマッチングのシステムをつくって。例えば、支店がいろんなところにあって各支店があるエリアでまちおこしイベントみたいなのがありますよね。そういうのに、支店として参加されるというケースが多いと思うんですけれども、もうちょっと人を、例えば本社から誰か来ませんかみたいね、そういうのをやっていいと思うんですよ。この間の□□マラソンのときは、まさにそれで、□□支店と□□かな、あのあたりのエリアの支店の方々が中心になっていたけれども、その上にオリパラが乗っかって、その本社から人が出ているという形でやっていたので、そういうふうな形でやるというのはいいかなと。まちおこしイベントとかやっていますよね、別に本社だけでやっているわけじゃないと思うし、地方も観光できるし、コミュニケーションも広がる。／会社として週一回、月一回、半日とか、押し出してくれるぐらいの勢いでないと、自ら行こうと思う人は少ないと思う。仕事に支障がでない、昇進昇格に影響がない、むしろプラスに影響するということが明確でないと、行くことを迷うだろうと思う。	B35-E
家族も参加できるボランティア、オリパラボランティアの活用、半強制的なボランティア	日本は道徳の時間とかありますけど、ボランティアをしましょうという雰囲気はないみたいで。教育から変えていくとそういう雰囲気が出てくるし、ふるさと納税のような、金銭的インセンティブを加えることでもう少し長い目でみたら変えられると思う。／個人的には子供がいるので、家族を巻き込んで一緒に出来るようなボランティアプログラムがあるといいと思う。／オリパラのボランティアを含め、強制まではできないだろうけれど、参加を促すようなPRや機会を設ける。	B35-I
兼業を認める、ボランティアを人事評価に加える、口コミがわかるようなボランティア情報の提供	ボランティアを推進したいと思うなら、兼業を認める方向性に舵を切る必要がある。また、人事上の評価に加えてあげるというのがいいのではないかと思う。／ボランティアの情報が得られないことについては、ITで食べログのNPO版のようなもので人の口コミを見れると、実際にやった人が感じたメリットがわかる。メリットの中には対価や知識だけでなく、気持ちの達成感、心持ちも入る。	B25-D
メールでのボランティア情報の発信、半強制的なボランティア、ボランティアの種類、地域、日時、短期、単発、通年などのバリエーション、フードドライブ	外資系企業に勤めていたときは、頻繁にボランティアニュースというか、活動参加募集でボタンが載っているメールがきていた。／部署ごとにボランティア参加率が出されていて、この期間ボランティア頑張りましょうというキャンペーン期間がある。／マッチングにあたって、いろいろな活動ジャンルのNPO、活動時間帯、日時、頻度などバリエーションがあるといいと思う。平日の活動は仕事があって大変だし、家族いる人は週末つぶすのもなかなか難しい。／フードドライブなど通年でやっている活動も用意しておく。第何期募集はいつまでですという形で継続的な窓口を置いておく。	B25-E
社内でNPOの紹介	NPOの事例紹介。目に見える形でツールを使って提供していくということがいいかな。（NPOがランチタイムにプレゼンテーションがあったらきますか？）集まるんじゃないんですかね。きっかけだから。普段自分たちはかなり狭い領域で仕事をしているので、そういう場があればお話を聞いてみよう、自分と全く関係ないことだけど、何かやれることはないかなとか、つながりとかきっかけができないかなというのでお話を聞きに来る気はしますけども。	B25-F

8. まとめ：ヒアリング調査からの知見

　第4章の知見をまとめておきたい。

　ボランティアや社会貢献活動について、半数以上の人が何らかの経験をしている。子供の学校や幼稚園でのPTAや、スポーツチームのサポートやコーチ、自治会活動など、ボランティアとしての自覚がない人も多くみられた。東日本大震災の被災地支援活動に参加した人は多く、それぞれの企業が呼びかけて行ったボランティア活動のインパクトは大きく、企業人に響くことがわかった。たとえ自費であったとしても、企業が仲介したりアレンジする活動への訴求力は高い。

　ボランティア活動として無自覚で行っている場合が多い、PTAや地元のサッカー、野球チームのサポートやコーチ、自治会活動などの身近な活動は、地域に溶け込むきっかけになっているようである。特に都市部に住む男性の場合、定年退職後に地域とのつながりが持てないことが問題とされるが、働きながらでも身近にあるこういった活動に参加することで一気に地域のつながりが広がる可能性がある。会社側もNPOやNGOの行うボランティア活動だけでなく、こういった身近な活動でボランティア休暇が使えるなどの支援策があれば、地域に活動基盤が出来、男性も定年退職後にもどっていける場所ができるようになるかもしれない。

　ボランティアの活動分野は、A社では国際協力や国際交流の分野が多く、B社では地域のお祭りやイベントなど地域色が豊かで身近な活動が多い。これは活動を希望する分野とも共通している。また、両社ともに子供の教育や支援活動、特に「子供食堂」を挙げる人が多くみられた。

　ボランティアや社会貢献活動に参加したきっかけについては、「環境」「誘い」「経験、共感、恩返し」が関係しており、「環境」として家庭や学校教育でボランティア活動をやった経験や、留学、在留経験といった海外生活経験、キリスト教徒であることがベースにある場合、ボランティア活動を行う可能性が高くなるようだ。さらに、家族や友人、同僚の誘いがあったり、習い事や地域のつながりで駆り出されたり、上司や顧客から誘われるといった身近な人からの「誘い」がきっかけという人もかなり多い。

　ボランティア活動から得られたものについては、心の充足ややりがい、仲間、つながりの拡大など、いわゆる一般的なボランティア活動から得られるような効用もあるが、今回の調査で強く感じたのは、「経験値の拡大」や「仕事やキャリアに役立つ」という話が多かったところである。これは社外で得た経験を社内の仕事や自身のキャリアに役立てているということに他ならない。

　一方で、ボランティア活動の経験が無い人や止めてしまった人のハードルとはなんだろうか。年齢によっては子育てや介護で忙しく、ボランティアどころではないという人もいる。また、対価がないことに対して抵抗を持つ人もいた。NPOやボランティアのイメージや印象

が悪い、距離を感じるという人もおり、こういった活動をやっている人が身近にいないなど、縁遠い人ほどネガティブなイメージを持っていると感じた。また、NPO やボランティア団体の情報がない、どうやって探したらいいのかわからないといったものや、会社や職場がボランティア活動をする雰囲気でないなど、対策を取ることで改善出来るようなハードルもあった。

　パラレルキャリアについては、55 歳以上と 55 歳未満の人ではイメージの持ち方が少し違うようである。55 歳以上では、多くの人が定年退職後の働き方と再雇用制度を視野にいれており、「人生 100 年」と言われる中、再雇用中をセカンドキャリアへの「助走期間」として位置づけ、兼業規定を緩和して欲しいという要望が多く出ていた。

　55 歳未満では、自身の視野を広げ、自分の中で眠る可能性を芽吹かせたいという思いがあるようだ。ただ、そのことが定年退職後の生活やセカンドキャリアに直結するというところまでは考えていない。

　最後に、ボランティアや社会貢献活動を社員に推奨していく会社の支援策についてまとめておきたい。会社はあくまできっかけ作りを担い、将来に向けて活動参加したいと思った時のハードルを下げておく支援をするということが重要だ。それは、東日本大震災で始めてボランティア活動をやった人や、ボランティア活動がさかんな外資系企業から転職してきた人が、それを最初のきっかけとして、またボランティア活動をやってみたいと思っているということに端的に表れている。一度ボランティアを経験し、何らかを考えるきっかけや新しい世界をみると、ボランティアに対する心理的ハードルが一気に下がる。そういう意味では、企業が半強制的にでもボランティア参加プログラムを推進することは、本人の意識変革を促すことになるだろう。

　ボランティア休暇制度については、A 社は導入済み、B 社は未導入である。制度導入していても、未消化のまま形骸化している企業は多い。それは利用する「意味」が伴っていないからである。例えば、社員に健康診断の受診を義務づける中で、健康診断休暇や人間ドック休暇が導入されている会社では、平日に会社を休んでいけるようになることと同じで、専用の有休を半強制的に使うことを求められることが、考え方を変えるために必要なことなのかもしれない。ボランティア休暇と抱き合わせで、ボランティアプログラムが動けば飛躍的に取得する人が増えるだろう。

　ボランティア情報やプログラムの提供については、多くの意見が出された。信用できるNPO をイントラネット上で紹介する、分野、場所、単発か継続か、時間帯など選択の幅を広げ、ネット上から申し込みが出来、誰が参加するかわかる、評価が出来るなど、ネットの利点を最大限に利用したツールを構築することで、自分の生活時間や好みに合った活動を選ぶことが出来れば、飛躍的に参加ハードルが低くなるだろう。

　また、ボランティア活動を根付かせるためには、社内の雰囲気を作っていくことが必須だろう。上層部や上司が率先して活動し、それが当たり前になるような雰囲気を作ることが重

要である。このことは、働き方改革で残業時間が飛躍的に減ったことと同じロジックである[4]。若い人ほど会社では弱い立場のため、なかなかボランティアに行きたいといえる状況にない。むしろ半強制的に行けと言われた方が行きやすいという声も多かった。

---

[4] 今回のヒアリングで働き方改革で長時間労働が減ったという話が多くでたので下記に引用しておく。

「過去、この2年ぐらい結構変わってきまして、有給休暇を14日もとるなんていう、私にとってみればいまだに体がついていかない。今週2日休むんですけれども。それで、やっと今週休んで14（日）行くかなみたいな話なんですけれども。去年もそうだったんですよ。この2年ぐらい、もう人生変わっちゃった。」（A55m-D）

「（支店にいる社員が帰る時間が早いのは）なぜかというと、支店長が帰るの早いんですよ。休みも結構取るんです。うちの支店は休みもとりやすい。だからボランティア休暇があれば、こういうので休みたいと言ったら、多分支店長、どうぞ休んでくれと。頑張ってやってくれというふうな感じだと思います。」（B55m-D）

「できるだけ早く帰る気持ちでいようという雰囲気になってます。帰れないこともありますが。（…中略…）仕事のやり方を変えるというふうにはなっていると思うんですよね。ある程度、打ち切るためにどうするかというか。丁寧にやってたら際限なくある仕事だとは思うので、一旦切るというか、そういう意識でやるようにはなったと思います。」（B45-D）

第 5 章 望まれる方向性と今後の調査課題

1. 全体研究の目的と本ヒアリング調査の位置づけ

　本研究の最終目的は、終身雇用を主たる雇用形態とする大規模企業を主たる対象に、ボランティアや社会貢献活動に対する需要や課題を明らかにすること、その上で、ボランティアを受け手となる非営利組織と企業人との試行的マッチングを行い、適性判断ツールや知識ワーカー向けボランティア・メニューの開発、マッチングやフォローアップ機能について開発することである。

　この目的を達成するために、調査計画を以下の 3 段階に分けて設計したい。第 1 に会社員の社会貢献にかかる関心および課題を明らかにするための調査で、アンケート調査とアンケート調査のための仮説を形成するためのヒアリング調査である。第 2 にボランティアの受け入れおよびそのマネジメントにかかる調査で、その主たる対象は NPO である。第 3 に、企業人ボランティア希望者と受け入れ側となる NPO との試行的マッチングである。そして、本ヒアリング調査報告は、第 1 段階の調査における予備調査として位置付けている。

2. ヒアリング調査で明らかになった点

ヒアリング調査で明らかになった点を以下に簡潔に述べる。

(1) 退職後不安

　まず、退職後不安については、主として 45 歳以上の意見である。「人生 100 年時代」という言葉が流布する中で、戸惑いを感じる人は少なくない。また、退職後のプランについては多くは、漠然としていた。他方で、僅かではあるが、退職後に不安感を訴えなかった者は、退職後に何をしたいのかプランが明確な者であった。特に、社会貢献活動については、現在も活動しており、退職後もそれを続けることを想定している。今回のヒアリング対象となった企業人は平均的なサラリーマンよりも高い収入層に属している。そうした状況にもかかわらず、不安を感じているのはなぜか。ヒアリング結果に基づけば、不安を感じている人とそうでない人の顕著な違いは、退職後のプランを明確に持っているか否かであった。つまり、退職後の生活や活動のあり方について具体案を持てていないことが、不安の要因になっているのではないかと思われる。

(2) 社会貢献活動/ボランティア

　社会貢献活動やボランティア活動への関心については総じて否定的でなく、消極的関心（言われてみれば関心がある）を示す回答が多かった。他方で、ボランティアや社会貢

献に対する距離感を訴える者が多く、活動やそれに従事する人々について特異な存在という印象を持っている人もいた。

そして、ボランティア経験者と未経験者との間で、ボランティアに対する印象は大きく異なっており、自らの経験や身近な人（家族や友人）の経験が、ボランティアに対する印象を左右しているようにみえた。また、勤務地（海外や地方）や従事する仕事の種類も影響しているようにみえた。例えば、海外駐在で、顧客がボランティアに熱心であったこと、子どもの友達の親御さんが当たり前のようにボランティアをしていることに接し、関心を持ち始めたなどである。また、地域社会や顧客と接する機会の多い営業職にも特徴ある例がみられた。すなわち、顧客とのかかわりの中で、ボランティアに類する活動をしている例である。しかも興味深いことに、本人はボランティアと意識しておらず、仕事の延長として認識しており、司会者に指摘されて初めて気づいていた。

また、ボランティアを人材育成の有益な手段であると考える意見が複数出されていた。ボランティア経験者では、限られた時間と資源（人、金）の中で、人々を束ね、事業を動かすために、SNS 等をフル活用して、短時間のうちに要領よくまとめあげるコツを取得したこと、それが仕事に生きているという意見もあった。また、若い社員が社会的な視点を身に着けることで、その姿勢のみならず、将来の事業やビジネスの可能性を見出す契機になるのではないかという意見もあった。

また、ボランティア促進策としては、会社に期待する声は多かった。モチベーションを上げる策としては、人事考課などへの反映、経営層のメッセージ等である。活動補助のインフラとしては、信頼できる活動先の情報提供などを上げる声も多かった。また、退職後もこうした社内情報や活動機会を望む意見もあった。また、昨今の働き方改革とセットで捉え、残業時間の圧縮やプレミアムフライデーで得られた時間の一部をボランティア活動推奨に向けるなどの意見もあった。

3. アンケート結果に基づく仮説とアンケート調査への示唆

ヒアリング調査結果から、以下のような仮説を導いた。それは、ボランティアに対するイメージや関心、影響要因、会社への期待の 3 つに区分される。なお、会社への期待の中には、退職後の希望も含まれる。アンケート調査表はこれらの点を踏まえ設計する。

「退職後の不安」

・ 人生 100 年時代といわれる中、ミドル、シニアの多くが退職後について戸惑いや不安を感じている。

・ 不安をあまり感じていない人は、退職後の具体的なプランをもっている人である。

・ 多くは、準備のための助走期間が必要と考えている。

「ボランティアや社会貢献活動に対するイメージや関心」

・ 多くがボランティアや社会貢献活動に対して距離を感じ、ボランティアについて明確なイメージを持っていない。

・ ミドル、シニアは退職後の選択肢としてボランティアを含める人は多い。しかし、具体的に何をどのようにするのかは明確でない。

・ 若い層はシニアとは異なる動機を持っている。

「ボランティアや社会貢献活動への関心の影響要因」

・ 社会貢献活動（ボランティア）の経験の有無が、ボランティアへのイメージや関心に影響する。

・ 家族や知人のボランティア活動がボランティアのイメージや関心に影響する。

・ 従事する仕事のタイプや勤務地がボランティアへの関心に影響する。

・ 学校教育、海外勤務がボランティアへの関心に影響する。

「ボランティアの効果　～人材育成、仕事への効果」

・ ボランティア活動の経験が、人材育成に役立つと考える人は多い。

・ 具体的には、社会的、公共的な視点の育成の他、次のようなスキルが磨かれると捉えられているのではないかと思われる。（視野を広げる、弱い立場や異なる人を理解する力、異なること新しいことを学ぶ力）

・ これらは、若い人材の育成に有益と考えられている。

・ ボランティア経験者は、仕事の段取りや人のマネジメントなどで、仕事に役立ったと感じている。

「会社への期待」

・ NPO 等などについて、懐疑的な意見も含め、どれを選択したら良いのか判断に迷っている人は少なくない。

・ 会社のサポートが利用しやすいと考えている（活動先の紹介、マッチングギフト、ボランティア休暇など）

・ 契機つくりなら、ゆるやかな強制があっても良いと考える人がいる。

・ ボランティア活動をするにあたり兼業規定に抵触すると考える人がいる。

・ ボランティアを推進するには、トップのメッセージが大事と考えている。

・ 人事考課上の加点要素にするなど制度的な施策が有効と考える人が一定数存在する。

・ 働き方改革とボランティア促進を連携させるとよいと考える人が一定数存在する。

・ 退職後も会社のボランティア・プログラム情報や参加機会の提供が望まれている。

なお、先の仮説に鑑みると、多くの人々（特に未経験者）は、ボランティアに対するイメージが漠然としており、距離を感じている。そこで、回答者が、より具体的にイメージできるように、アンケート項目にボランティア活動の具体例を記載するよう工夫する。

　アンケート調査表は、協力企業関係者との協議の上作成し、2018 年秋にウェブ調査により実施する。

4.　その他：アンケート調査以降の展開と留意点

　本調査は、企業人にかかるアンケート調査（第 1 調査）に続けて、ボランティアの受け入れ条件に関する調査（第 2 調査）、試行的マッチング（第 3 調査）を予定している。ヒアリング調査結果は、これらの調査にもいくつかの示唆を与えていることから、言及しておきたい。

　まず、第 2 調査のボランティアの受け入れ条件に関する調査である。ヒアリング調査ではお年寄りと一緒にして欲しくないという意見 [13]が複数出されていた。老年学の分野では、高齢者が生き生きと暮らすために、社会参加やボランティアを奨励されている [14]。しかし、ヒアリングの意見に鑑みると、それだけでは満足できないのではないかと思われた。多くの退職者は肉体的にアクティブで、高学歴であり、知的好奇心や社会的達成感を求めているようにみえる。この点について興味深い先行事例がある。2000 年初頭、米国でベビーブーマーが退職期を迎えた時期に、シニア・ボランティアの見直しの必要性が議論された。その背景にあったのは、専門性の高い知識ワーカーの退職者は、従来の、お年寄りの居場所を提供するようなボランティア活動では満足できないのではないかという問題意識だ。こうした中で、ベビーブーマー退職者をボランティアとして効果的に受け入れた、成功事例も現れはじめた。ここでは、従来のボランティアの仕事のアサイメントの仕方を変え、その目的を明確にした上で、何をもって役立ち、どのような成果を上げることが期待されるのかを伝えたのである。換言すれば「しっかりと仕事をする」ボランティアに変えたのである [15]。その結果、団体の活動の生産性向上や活性化が叶い、ボランティア本人の満足度も上がったという。ヒアリングの意見から、同様の工夫が必要ではないかと思われる。

　第 3 調査の試行的マッチングでは、マッチングの準備段階で、実施するカウンセリングが鍵要因になると思われる。ヒアリングでは、自らの専門知識や技術がないために適性がないのではないかという意見、あるいは新たに資格を取得する必要がないかなどの

---

[13] ヒアリング意見「もう今、スポーツジムはおじさん、おばさんもいっぱいいますけど、もう平日すごいのと、図書館の新聞の取り合いとかすごくて、もうすごいですよね、朝からもう、朝の新聞の取り合いだけという。みんな、リタイアしたおじさんたちが、ああ、こうなるんだな。」
[14] 東京大学高齢者総合研究機構編著（2017）『東大がつくった高齢社会の教科書』東京大学出版。
[15] Leah Kerkman （2003）Tips for Recruiting and Managing Older Volunteers, *The Chronicle of Philanthropy*, SEPTEMBER 24, 2003.
　　https://www.philanthropy.com/article/Tips-for-Recruiting-and/183517

意見が散見された。ボランティア活動やNPOの活動の具体を知らないために、会社への転職同様、新たな技能を身に着ける必要があると考えていると思われる。実際には、会社勤務で培われた現有の技術や知識をもって役立てるケースは少なく、ヒアリングの際、司会者から指摘されて、そうだったのかと理解する場面もあった。他方で、何をもって、どのようなボランティアの仕事に適しているのかの、判断は容易ではない。したがって、ボランティア希望者の技能や特技、好きなこと等の適性を評価するための工夫が必要である。

　準備段階で、もうひとつ肝要と思われるのが、unlearning（学習棄却）である。ミドル、シニア層からは、「骨をうずめるつもりで長年勤めてきた」という類の意見が聞かれた。仕事環境やシステムが整っている大企業に長年勤務してきた人が、NPOなど小規模な組織に接した場合、会社で培われてきた考え方や常識が通ぜず、戸惑うことが予想されるが、この点は先行研究でも指摘されている[16]。異なる環境を受け入れ、適応してゆくためには、これまで培ってきたものを一旦、unlearning（学習棄却）する必要があるのではないか。この点も調査のスコープに含めたい。

---

[16] 『高齢者の社会貢献活動に関する研究　～定量的分析と定性的分析から～』、労働政策研究・研修機構、2012年。

資料編

◇ヒアリング調査レコード
- A社 35歳未満グループ
- A社 35-44歳グループ
- A社 45-54歳グループ
- A社 55歳以上（男性）グループ
- A社 55歳以上（女性）グループ
- B社 35歳未満グループ
- B社 35-44歳グループ
- B社 45-54歳グループ
- B社 55歳以上（男性）グループ
- B社 55歳以上（女性）グループ

調査実施の記録と事例表記（第2-1表再掲）

調査日	企業	グループ	人数	事例表記	調査者
2017年11月24日	A社	45-54歳男女	6名（男4名、女2名）	A45-A〜F	田中・小野・古俣
2017年12月8日	A社	35-44歳男女	6名（男2名、女4名）	A35-A〜F	小野・古俣
2017年12月20日	A社	55歳以上男	6名	A55m-A〜F	田中・小野
2018年1月15日	B社	35歳未満男女	7名（男5名、女2名）	B25-A〜G	田中・小野・古俣
2018年1月22日	B社	35-44歳男女	9名（男5名、女4名）	B35-A〜I	田中・小野・古俣
2018年1月24日	B社	45-54歳男女	7名（男3名、女4名）	B45-A〜G	田中・小野
2018年2月9日	A社	55歳以上女	6名	A55f-A〜F	田中・小野・古俣
2018年2月14日	B社	55歳以上女	5名	B55f-A〜E	田中・小野・古俣
2018年2月19日	B社	55歳以上男	7名	B55m-A〜G	小野・古俣
2018年3月6日	A社	35歳未満男女	6名（男2名、女4名）	A25-A〜F	田中・小野・古俣

※なお、文中の発言者の「CSR」表記は、同席した当該企業のCSR担当者のことを指す。

A社座談会　35歳未満グループ
平成30年3月6日

【田中】　　それでは A25-A さん。じゃあ、少しそのご経験とか、どういうきっかけだったのか、今どうされているのかということをお願いしたいと思います。

【A25-A】　　ボランティアの経験はあります。もとは大学のゼミが地域活性化だったりということをやっていたというのがきっかけですね。そこに入ろうと思った理由は、いろいろよくしてくれている先輩がいらっしゃって、まあその話を聞いていくうちに、結構実際に東北に足を運んだりとか、冬囲いをしたりとかいうところをしていたので、そういうところに引かれて入ったと。

　具体的にやっていたのは、シャッター商店街というほどではないんですけれども、だんだん廃れてきてしまっているところがあって、そこの子供とか家族向けにいろいろイベントを開いて、子供をより地域に根づかせて、将来成長してもこの町に残ってくれるようにしていこうという活動を、学生だったりその地域の人と協力しながら、イベントしたりとしていたのが一つと。

　あともう一つは、東北復興支援ということで、実際に岩手とかのほうからも、いろんな商品を買ってきて、□□の地下街で復興支援の販売をしたりということはしていました。

　それは学生時代なんですけれども、今現在はこれといって何かやっていることはないです。

【田中】　　まず、ゼミってどんなゼミなんですか。

【A25-A】　　テーマは、□□学って言っていたんですけれども、そこは全く関係なくて、その先生の意向でどんどんフィールドワークを学生にやらせたいと。たまたま、東日本大震災が起こったのをきっかけに、そういうところにも力を入れていこうということで、東北復興、2013年から毎年毎年その活動をしていて、例えば別に東北とかに限らず□□だったり。じゃあそこの地域活性化をしようということで。

【田中】　　これはゼミの先輩がプロジェクトを自分で起こしているんですか。

【A25-A】　　提案して、先生がそこに対していろいろサポート入ったりするんですけれども、実際□□の地下で販売したというのは、学生が東北のいろいろな商品を売っているお店にコンタクトをとって、そこからこれこれこういう経緯で商品を売りたいので、買わせてくださいということを依頼してい

ると。もちろん、そこには自分たちの大学だけではなくて、東北の大学生も一緒にかんで、手伝って協力しながらやっていったものです。

【田中】　　そうするとこのゼミの先生が、ある種の起業家精神があるというか。

【A25-A】　　あったのかもしれないですね。

【田中】　　これってあれですね、社会貢献活動としても価値がありますけれども、そうやってプランニングをして、計画のとおりに参加する人を集め、説得をし、資金もある程度予算も計上して、後で会計をするとかいう、結構あらゆるプロジェクトのマネジメントをやらなきゃいけないですよね。

【A25-A】　　そうですね、まさにおっしゃるとおりで。例えば、□□でイベントやるっていっても、ほんとうに何をするかというところとかは、学生たちは案出しをして、例えば、何かお弁当とかお惣菜屋さんとかはいっぱいあるので、じゃあお弁当ラリーをしよう、スタンプラリーじゃなくてお弁当のラリーというので、どんどん子供たちにも、地元にこういうお店があるんだということを知ってもらったりみたいな企画をしたりというのは、学生から出した意見で実現したことですし。

【田中】　　結構成功したなという感じはありますか。

【A25-A】　　一つ終わったという達成感はあるんですけれども、じゃあそれがどういう未来につながっているのかとすると、すぐなかなかわからないことが多くて。実際、そのイベントに参加した子供たちが、じゃあほんとうに将来もう地元に愛着を持っているのかというのは、多分この先十数年たたないとわからないことだと思うので。

　とはいえ、一つやり切って、そこで子供たちから楽しかったって言われたり、その親御さんからも、こういうイベントをやってくれると、やっぱり地元に愛着が持てるしと言ってもらえるのは、すごい達成感とかやりがいみたいなものは、その当時ありましたね。

【田中】　　で、今はなかなかなさっていないということなんですが、その理由は何でしょうか。

【A25-A】　　単にほかのことに時間を割いていて、それは、ほぼ仕事が大きくて、社会人になると、5日間働いて、じゃあ土日にあいた時間があると、その土日の過ごし方を何するかといったら、多分用事をするための休みと、あとほんとうに休むための休みに使っているので、何か自分の自由なことをする時間というのがなかなかつくりづらいというのは、一番の理由じゃないかなと。

【田中】　　ちなみにですね、寄附みたいなことは

—69—

されていたことありますか。

【A25-A】　したことはあって。震災とかの募金はちょくちょく、あと自分とあと家族でしていて。というのも、自分は昔神戸に住んでいたんですけれども、出産予定日に阪神・淡路大震災が起きたんですね。で、うちの家族全員被災していて、そのときもまだ自分はお腹の中だったので、その直後に生まれたんですけれども、ほんとうに阪神・淡路の当事者というのもあって、そういう被災者のほうに近い立場なのもあって、そういうところに募金をしてあげようということとかはしています。

【田中】　なるほど。何かまだまだ聞きたいことがあるのですが、じゃあちょっと次に移らせていただいて。A25-B さんですね。

【A25-B】　2004 年入社で、入社依頼ずっと□□部です。

中学、高校で学校がボランティア活動を推進していて、障害者施設にお手伝いというか、一緒に作業をやりに行くというようなことは経験しました。その後は、大学時代はあまりやっていなくて、社会人になってからの東北の震災後に、被災地のボランティアに参加しました。会社でも社員を募ってやっているのがあったのですがスケジュールが合わなかったので、自力で行こうと思って、自分で申し込んで、仙台駅まで自費で行き、1 日イチゴ農家の側溝のヘドロをずっとかき出すボランティアをやったことがあります。

【田中】　これは、どういうところで。

【A25-B】　ネットで調べて、東北被災地ボランティアで、仕事のスケジュールと勘案して、行けるところで申し込んだというような形でした。NPO 法人とかそういうのだったと思います。詳しくは覚えていないですけれども。

【田中】　でも、よく自力で行こうと思いましたね。

【A25-B】　何か行かなきゃいけない気がしていて、でも震災直後ってやっぱりまだ行けないじゃないですか。で、1 年ぐらいたったころに、タイミングを見て行きました。

【田中】　でも、自力の場合にはね、交通費から宿泊をされたのかな、全部自腹ですよね。

【A25-B】　そうですね。日帰りで行ったので、長距離バスで仙台まで行って、仙台からはボランティア団体のバスが出ていてという感じでした。自費で行きました。

【小野】　1 年ぐらいたってから行かれたんですよね。大分、ボランティアが少なくなってきている時期だったと思うんですけれども。

【A25-B】　そうですね、でもまだ私が申し込んだボランティアも、結構 2、30 人ぐらい集まっていて、手分けして作業をした覚えがあります。

【田中】　何回ぐらい行かれましたか。

【A25-B】　それは 1 回だけなんですけれども、その後東北とのつながりという意味では、ボランティアとは違うんですけれども、仲間内で毎年 2 回東北に、□□を中心にしているんですけれども、勝手に復興ツアーと銘打って、現地に行って、みたいなことはやっています。

【田中】　何人ぐらいですか、仲間うちは。

【A25-B】　ときによるんですけれども、10 名前後ですか、多いときは 15 人ぐらい。毎回□□の決まった宿には一泊するというのは決めていて、もうそこの女将さんが、第 2 の故郷みたいになっているのと、□□とどこかの都市というのをあわせて、ちょっと内陸に行ったりとかという形で行っています。

【田中】　今も続いているんですか。

【A25-B】　そうですね、次は 7 月に行くことが決まっていますし、今は子供も連れていきたくて。今は 1 歳半になっているんですけれども、子供は一番最初に行ったのは、半年のときだったかな。そうですね、それぐらいのときに 1 回連れていって。

【田中】　お子さんを連れていくっていいですよね。

【A25-B】　そうですね。もう何か第 2 のふるさとみたいに感じてきているというか、やっぱりそういう活動で大事なのって、人と人とのつながりというか、なので、最近興味があるのは、継続的な活動というか、そういうのはやっていきたいなと思って。

【田中】　何年目でしたっけ、この活動を始めて。

【A25-B】　旅行は、震災後 3 年後ぐらいから始まったので、今もう 5 年目ぐらいになっていますかね。もう 7、8 回それぐらい行っているかなという。

【小野】　観光する感じですかね。

【A25-B】　そうですね。でも、意識しているのは、できるだけお金を使うというとあれなんですけれども、現地の特産品とか買ったりとか、お酒をたくさん飲んだりとか、そういう形で復興に寄与できればと思っています。

あと東北と違うところで言うと、去年から活動しているのが、NPO 法人で、高校生のキャリア教育などをやっている□□という団体です。それは、もともと社外で開催している勉強会で知り合った友人が、私がそういう活動に興味を持ちそうとなぜか思ったらしくって、声をかけて誘ってくれて。

NPO法人なので、結構大学生とかがお手伝いスタッフでたくさんかかわってくれていたりするんですが、彼ら彼女らにちゃんと活動している中でもやりがい・成長を感じてもらうために、目標設定面談をして、レビューをして、今のモチベーションを確認したりとか、最近の課題とかを聞いたり、成長したところというのを聞いています。コーチングというと大げさなんですけれども、そういったところでみんなのやりがいを保てるようなサポートをしています。

【田中】　対象は高校生なんですか。

【A25-B】　そのNPO法人のやっている活動は、いろんな高校に主張授業という形で行って、いろんな社会で活躍している社会人の話を聞いてもらうと。で、そういう中で、ただいい大学に行って、いい会社に入ればいい人生というわけじゃないんだよという、今回の試みにもすごく趣旨が重なると思うんですけれども、人生100年の時代で、どう自分らしく生き生きと生きていくかみたいなことを、早いうちから意識して考えてもらうというようなセッションをやったりしているNPOです。

なので、対象者としては高校生に対して出張授業をするんですけれども、その運営のサポートを大学がやったり、大学生と社会人で協力してやっているという感じです。

【田中】　しかし、これどのぐらいの頻度というか、1年に何回ぐらい参加しているんですか。

【A25-B】　私今もちょっと育児中というところもあるので、参加できる範囲でいいよということで声をかけてもらったので、出張授業は過去に2回しかまだ行ったことはないんですけれども、一時期ちょっと学生の面談は頻度が多いときは、この1カ月の間にちょっと5人面談してみたいな形でやったりとか、それをこう2カ月後にもう一回やったりというような形で。仕事が終わってから30分時間をとって、学生と面談してから急いで保育園に迎えに行くみたいな感じでやったりとかしています。

【田中】　でもね、育児休暇だとか、あとは時短もとられていないわけですよね。

【A25-B】　時短、そうですね、復職して2カ月ぐらいはとっていましたけれども、わりと早目にフルに戻しました。

【田中】　それでなくても、子育てしているとめちゃくちゃ忙しいでしょうけれども、それでほんとうに多分体力的にも大変だと思うんですけれども、プラスこういった活動をされているモチベーションってどこから来るんですかね。

【A25-B】　モチベーションは、逆に性格的に何かやっていないと気が済まないというか、会社と家の往復だけになりたくないなとか。あとは、いろんな魅力的な人たちとネットワークを広げて知り合っていきたいみたいな思いもあって、やっぱりこういうNPO法人の活動って、かかわっている人もすごく優秀だったり、いろんな業界の人が情熱を持って、志を持って活動していたりするので、その活動に自分もかかわることで、自分も刺激を受けられたり、視野が広がったり、勉強になったりというところもあるので。楽しんでやっているという感じですね。

【小野】　何か同じキャリア、ある意味自分の行きたいキャリアがあって、それとうまく重なり合うような形で活動ができているというようなイメージなんですかね。

【A25-B】　昔から、そういうボランティアとかNPO法人とか興味はあったんですけれども、どちらかというとほんとうは、もうちょっとグローバルな活動をしたいなというような思いもあったりして、ちょっと英語を使って外国人に対しての何かサポートをするとか、そういうことも今後やっていきたいと思っています。今回の高校生のキャリア教育というところは、たまたま声をかけられて。でも、結果としては自分のやってきたことが生かせるとか、今後コーチングとか、そういうことのスキルもつけていきたいと思っているので、結果として重なっているというのはあるかもしれないです。

【小野】　仕事にも役立つことがありますか。

【A25-B】　明確にということではないですけれども、例えば今もサブリーダーとして部下を持つ中で、評価の面談なんかもしたりもしますし、そういうときにどうやってモチベーションを上げようかとか、そういうところは役に立っているといいなと思います。

【田中】　でも、今お話を伺っていると、A25-Bさんの場合には、会社だけではなく、会社の外もコミュニティだったり、人々とのつながりも会社と同じように持っていたいというモチベーションがありますかね。

【A25-B】　そうですね、もちろん社内の人脈もすごい好きなんですけれども、同期とかすごい仲いいですし。でも、ちょっとビジネススクールに行っていた時期とかもあって、それでもやっぱりいろんな業界のいろんな人とかかわることで、こう視野狭窄に陥らないというのはありました。商社ってやっぱりいろんなビジネス、いろんな国にかかわっている人が多いので、普通の会社よりはいろんな視点を持った人がいるとも思うんですけれども、やっぱり

A社っていう特徴的な考え方というか、わりとモノカルチャーに陥ってしまうというところもなくはないので、常にいろんな考え方の人と触れていたいなというような思いはあります。

【田中】　なるほど、そこを感じて、ご自分で率先されている感じですね。

【A25-B】　そうですね、自分が楽しむためにやっているみたいな感じなんですけれども。そんなに崇高な志とかいうよりも、好きなのでやっているというような感じですね。

【田中】　わかりました。ありがとうございます。それでは、A25-C さんですかね。

【A25-C】　私は今年入社 10 年目になります。昨年の 4 月に□□部にうつりました。で、XX 国に 1 年半研修生で駐在をしておりまして、それ以外は基本的にずっと日本におりました。

　ボランティア活動は、実際自分が A25-B さんみたいにどこかに行くということはしたことはないんですけれども、今ちょっと話を伺っていて、寄附という意味ですと、実は結構しているなというのを今思い返しまして。私、大学の専攻が□□学なんですけれども。自分以外のゼミ生で、もともとそういうものが好きな方が、結構 NPO 法人を立ち上げているということが、多くてですね。どうしても、寄附の依頼とかが来たりするので、自分自身は時間はないんですけれども、そうやって友人たちが頑張っているので、ほんとうに少額の寄附というのをしたり。

　あとは、これはボランティアなのかどうかというのはわからないんですけれども、駐在時代のタスクとして、研修生というのは、地域の日本人コミュニティを支えるというのが一種の仕事なんですけれども、そういうことをやったり。

　あと、私の場合はたまたまなんですけれども、当時の上司が、現地の女子大があったんですけれども、そこで商社という形態がかなり特殊だということもあって、大学に授業に来てほしいというのを依頼されて、じゃあ A25-C さん、行ってくださいということで、そういうことをやっていたりというのを、つらつらと思い出しました。

　ただ、実際日本にいるときというのは、やはり忙しくて、どうしても週末は休みたいという気持ちから、動いたことはないんですけれども、最初のお話を伺っていて、2 枚目の名刺という中で、名刺の数を増やしたいというわけではないんですけれども、どうしても会社にいますと、徐々に自分たちの年齢が上がっていって、勝手に自分の扱われる立ち位置というのが上がっていくとなってくると、どうして

も人間、凝り固まってしまうので、いろんな組織に属して、そういうふうに自分が凝り固まらないようにはしたいなというのは、日ごろすごく思うんですが、一方で忙しいということで、何かそこでとまってしまうというような状況の気がしています。以上です。

【田中】　1 つ聞きたいんですけれども、会社の中だけの思考に染まりたくないというのかな、染まってしまうから、なので、できるだけ外とのコンタクトを持って、いろんな考え方にも触れていたいというふうなことを、やっぱり共通しておっしゃっている気がするんですけれども。それってどうなんですか、やっぱり狭くなりたくないなみたいなのはあるんですか。

【A25-C】　自分が素敵だと会社で思う方は、もちろん仕事ができて染まっている方もいますけれども、そうじゃない方のほうが多い気がするということですかね。

【田中】　なるほど。多分ね、私の年代だと、会社のために、会社の意思と全部染まって、会社に全部忠臣尽くすというのが美しい先輩像だったんですけれども、違うんですね、やっぱりね。

【A25-B】　何か世代間ギャップもあるんだとは思うんですけれども、自分はもう若手に入るかわからないんですが、20 代、30 代というぐらいだと、やっぱり仕事人間になりたくないとか、家族も大切にして、仕事以外のネットワークも豊富でみたいな人のほうが憧れられるというか、素敵だなと、目指すべきリーダー像というか。

【小野】　素敵だと思う上司の像は、女性をイメージして言われた感じですか。

【A25-C】　今私が、そうですね、ぱっと思いついたのは女性の先輩ですね、上司ではないですけれども。その方は、仕事はほんとうにすばらしくできる方で、ただ社外でのご趣味をお持ちで、そのコミュニティそのコミュニティで、やっぱり自分の立ち位置が異なるから、何ですかね、ご年齢は全然我々よりも上なんですけれども、何かこう女性としてしなやかというか、凝り固まっていないというか、こう素敵だなという、引き出しがいっぱいある感じです。

【小野】　引き出しね、引き出しがいっぱいある感じ。

【A25-C】　そうですね。

【小野】　だから、そういう何か目指すべきモデル像みたいなのが、ある程度住友の中では近くにいらっしゃるような感じなんですね。ちなみに、その方はお幾つぐらいですか。

【A25-C】　　50代ですかね。かなり上ですけれどもね。すごく、でもお若い感じの方で、よくご飯とか一緒に行かせていただいているんですけれども。

【田中】　　多分、彼女の年代にはそういう先輩いないんですよ。それこそ、会社にばっちりこうパズルのようにはまっている、いわゆる標準装備を完璧に身につけた男性社員しかいないんじゃないかな。

【小野】　　そうですね、50代だったらね。そういう人が、だから切り開いてきた道なのかもしれないですね。ちなみに自然豊かな地域で暮らしたいということなんですけれども。

【A25-C】　　退職した後ですね、夫とどうしようかねという話をよくするんですが、両方お互い生まれが東京じゃないということもあって、何か東京じゃなきゃいけなということはないねっていうのをよく話していて。あと、そうですね、単純に物価が高いからということ。

【田中】　　なるほど、なるほど。そうそう、交通の便があって、スーパーがあって、病院があれば。

【A25-C】　　そうですね、電気が通っていて、水がちゃんと出て。

【田中】　　なるほど。わかりました、ありがとうございます。じゃあ、次、A25-D さん。

【A25-D】　　A25-D と申します。会社では□□を担当しています。実際、自分が今までどういうボランティアとかをやっていたかなと振り返ってみると、私ずっと幼稚園からキリスト教の学校に通っていたというのもあって、幼稚園、小学校、中学校とずっと何か施設にボランティアに行くとか、施設に寄附を贈るとか、何か募金するためにみんなで何かをするというのが普通の環境で、いろいろ育ってきたというのがあって。なので、結構気づいたら、あれもそういえばボランティアだったんだなというのが、今思い返すとあります。その当時は、日常としてやっていたなという思いでした。

自分が率先してやっていたボランティア活動というのは、中学1年生から大学生までの10年間ですかね、□□神社にある子ども会というのがあるんですけれども、それの運営としてボランティア活動をしていました。きっかけというのは、私がもともと子ども会に参加する側だったというのがあって、自分が中学生になるときに、今度は自分がお手伝いをしたいという思いで入ったというのがきっかけです。

子ども会というと、地域の数十人というイメージなんですけれども、□□神社というのは結構遠くからも来るので、ほんとうに親子あわせて300、400人ぐらいの規模で、年に4回くらい集まるという

のをやっていて。

でも、それもほんとうは最初、楽しくて行っているというのが強くて。責任感を持って、自分の役割というのが明確にできて、ボランティアという意識を持ちながらやっていられたのは、高校生、大学生の間だったかもしれないなと思いました。

一応、NPO とかではないんですけれども、□□神社の下にある組織みたいな形で、一応運営は大学生、中学生から大学生に任されていて、あと数人の大人が見ているというような感じの団体でした。

社会人1年目まではそれに参加していたんですけれども、やはり結構土日を拘束されることが多くて、ちょっと毎回の活動に参加するのが厳しくなってきたなというのと、今までずっと同じことをやってきたので、ほかのことをやりたいという思いが強くなって、活動からは徐々に足を引いて、今はあまり参加していないような状態です。

なので、何かしたいという思いはあるんですけれども、その新たな一歩は踏み出せていないまま、考えている状態です。

【田中】　　しかし、この中学生のときからやっていると記載になっているんですけれども、年に4回もイベントやっているから、準備も含めると、結構頻繁に行っていたんじゃないですか。

【A25-D】　　そうですね、結構多いときはほんとうに毎週土曜日に行って、みんなで打ち合わせをしたり準備をしたりという活動でしたね。

【田中】　　これ、さっき中学生のとき楽しかったとおっしゃったんですけれども、どんなところが楽しかったんですか。

【A25-D】　　やっぱり子供と接して、子供のお世話を1日して、子供に何か教えたりとか。集まる機会というのも、ひな祭りとか七夕とか、日本の伝統的なお祭りについてみんなで教えたり考えたり、それにあわせてお食事をしたりみたいな、そういうことだったりもしたので、何か一緒に子供と作業をして教えてあげるとか、そういうことに何かやりがいを見つけていたり、やっぱりその参加していた子供たちが、自分と同じようになりたいというような形で、今度子供たちがどんどんボランティアに入ってきてくれるというのが、すごくやりがいにもつながっていたのかなと。

【田中】　　いいですね、すごいフィードバックがあって。で、子供と触れて。でも、それが高校生になって大学生になると、責任を感じるようになったというんですけれども、どんな感じの責任になったんですか。

【A25-D】　　やっぱり何日までにこういうのを、

こう何をするかというのが全部学生たちで決める
もので、それを□□神社の上の人たちと、こういう
のをやりたいとか、それでこういう危険があるけれ
ども、それをどういうふうにカバーするかとか、そ
ういうのを相談しながらやるというのが。結構、自
分たちで手を動かさないと。

【小野】　何かすごい印象に残って、おもしろい
ことをやったことって何かありますか。

【A25-D】　夏にすごい大きいキャンプがあった
んですけれども、子供に電気とかの、火とかのあり
がたみとかをもうちょっと感じさせてあげたいみ
たいな、そういうプログラムで、みんなで火を起こ
してみたりとか、そういうレクチャーをしてくれる
人にお願いして、そういう訓練とか。何かちょっと
防災、3・11の後は、まず防災をみんなで学ぼうと
いって、そういう防災のプログラムをみんなでつく
ってみたりとか。

【田中】　やっぱり自分たちでプランニングした
り、アイデアを形にしていったり、いろんな人を探
してきたり、交渉したりということをやって、まと
まった仕事をするんですね。

【A25-D】　そうですね。大学生とかで時間があっ
たので、そこまでのめり込んでできたなというの
があって。今、そこまでプランニングを一からして、
やってというのは、なかなか自分の力量だけで難し
くなってしまうというのもあって。なので、もし何
かできるものがあるとなると、ある程度できている
ものの中に自分が参加するようなのに今は行きた
いなというのがあって。

【田中】　なるほど。ありがとうございました。

【田中】　では、次にA25-Eさん。

【A25-E】　□□部のA25-Eと申します。ITの
トレーニーとしてXX国に1年半、帰ってきてから
1年ほどして、□□部に異動をしてきました。

　ボランティアの活動としては、かなり地味なんで
すけれども、単発で2回やったというところで。1
つが、今はもう退職された上司、NPOの代表をさ
れていて……。

【田中】　そうなんだ。それは忙しいですね、そ
の上司。

【A25-E】　で、活動としては、多分4つぐらい
のNPOの団体が一緒になって、おそらく3・11の
ちょっと後だったと思うんですけれども、チャリテ
ィーイベントをして、そこで集まった、Tシャツな
んかを売ったりしたお金で、お金を被災地に送ると
いうような、そういったイベントだったと思うんで
すけれども。ちょっと細かくは覚えていないんです
が、呼ばれて行っただけといった感じなんですが。

そこで、上手だなと思ったのが、やっぱり人を集
めるといったときにどうするかと。で、場所が地方
の中学校を借りて、ギネスの判定員の方を呼んで、
二人三脚のもっと大きい何百人何脚のギネス記録
をつくろうということで。当日は町へ行って、3、
40人ぐらいで、今日これやるので来てくださいと
声がけをし、Tシャツを売ったりとか。また、その
プレイヤーの1人として参加したというような活
動でした。まあ、そこはもうほんとうに単発で、1
回でということだったんです。

で、もう一回が、XX国にいるときに参加したマ
ラソンの運営のボランティア、給水だとか、会場準
備だとか、あと応援団とかそういったことなんです
けれども。XX国で1度マラソンを走ったことがあ
って、そのときに、ボランティアの数がものすごい
多いなと思ったのと、命をボランティアにかけてい
るんじゃないかというような、これだけ気合いあっ
たらその人走れるんじゃないかというほどの熱い
人たちで。

【田中】　そんなたくさんいるんだ。

【A25-E】　そうそう。で、その応援をしてもら
ったのを感じて、何か自分もやってみたいなと思っ
て、ボランティアを。その1回きりだったんですけ
れども。

【田中】　でも、これね、いきなり行って、仕事
のアサインメントとか配置とかって、どうなってい
るんですか。

【A25-E】　そのときに行って、給水コーナーと
か何かこういう仕事あるけれども、誰が何をやるっ
て、

【田中】　もうマニュアルができているんだね、
きっと。

【A25-E】　そうですね。自分たちで、じゃあ私
がやりますって、そんな難しいタスクじゃないので。
テーブル組み立てたりとか、報道の線張ったりとか、
割り振りはそんなに難しくないですね。ほんとうに
水くむときは、淡々とほんとうに水をくんで給水の
あの水をバーッと並べるぐらいなんですけれども。

【小野】　ボランティアは、何人ぐらい来ている
感じですか。

【A25-E】　多分何百人ぐらいの、かなりの団体
数だったと思いますね。マラソンは午前は車椅子の
レースがあって、その次に女性のハーフマラソンが
あって、フルの男子マラソンがあって。それをこう
サイクルでやっていくという。で、結構な頻度で給
水とか、あとクッキーとか、自分たちでつくってき
たりするから、ほんとうにあれ全部食べたらお腹ぱ
んぱんになるぐらいなんですけれども。

—74—

【田中】　みんな楽しんでいるんだ。

【A25-E】　そうですね。あと、向こうはそういうボランティアをするとポイントがたまって、そのポイントをためるとマラソンに出られるだとか、□□マラソンに出られる。で、お金を払うと、十何万ぐらい払わないと出られないのが、ボランティアとかマラソン大会の出たポイントをためると、その会の申し込みのフィーが……。

【小野】　ネットを通じて。で、何か自分のIDか何かがあって、ポイントがたまっていくのが見えるみたいな感じなんですか。

【A25-E】　はい、見えます。マラソン協会的なそういう。

【小野】　どこでボランティアしてもそこでポイントがたまっていくと。

【A25-E】　そうです、その協会の傘下であれば。

【小野】　すごいね、いいですね、それはXX国全土でですか。

【A25-E】　そうですね、マラソンはここで何月にここでやりますとかというのが出ていて。で、ボランティアもそこから申し込んで。

【小野】　なるほどね。那覇マラソンのボランティアやって、ポイントがたまったら、東京マラソンに出られるみたいな。

【A25-E】　そうですね。

【田中】　マラソンじゃなくても活用できるよね。

【A25-E】　そうですね、インセンティブがあるので。

【小野】　副業とか起業なども含めて、何かもっと自由にできるようになったら、もっとやりやすく何かやろうかなという気になりますか。

【A25-E】　そうですね、□□部というところに来て、社会への貢献の仕方というのが、もちろんボランティアというのはぱっと思い浮かぶんですけれども、それ以外の例えば事業で貢献をしているしというのを含めると、別にボランティアだけじゃなくて、例えば起業したりだとか、あるいはそういうNPOの支援だとか、何かいろんな寄附だとか、いろんなやり方があるなと思っていて。ボランティアに限らず、そういうちょっと大きな枠で考えられると、敷居が低くなるんじゃないかというところは、ちょっと漠然と。

【田中】　特に、これからは高齢化社会になると、いろんなビジネスの種みたいなものがあるかもしれないですね。わかりました、ありがとうございます。

　次は、お待たせしました、A25-Fさんですね。

【A25-F】　私は入社6年目のときに語学研修生としてXX国に行って、1年間学生として語学を学んで、その後XX国の現地法人で働いて、途中で駐在に切りかわって、去年帰ってきて。今、□□部にいます。

　私も特にボランティアとかやったことがなくて、やろうと思ったこともあまりなく、そのように書いたんですけれども、ただ皆さんのお話を聞いていて、いろいろ思い返すと、今思い返ればあれはボランティアだったんだなと思ったことは幾つかあって。1つは、XX国にいたときに、最初1年間語学研修生で、毎日大学にに通っていたんですけれども。

　その過程で、現地の大学のそういう外国人の学生さんを助けてくれるボランティアをやっている学生と触れ合う機会がとても多くて、それこそただ話してくれたりとか、一緒に遊んでくれるだけなんですけれども。こっちも会社のお金で学校に通っているんで、もう何としてでも語学をマスターしなきゃいけないというプレッシャーもあって、なるべく日本人とは会わない、しゃべらない、使わないということを心がけている中で、ボランティアの学生の人たちとつき合えたのはありがたくて。でも、それのお返しじゃないですけれども、逆に日本文化とか日本語を学びたいという人との交流イベントとかがあったら、それに積極的に出るというようなことをしていたというのがありました。

　あと、語学だけじゃなくて、せっかくだからXX国のことをもう誰よりも、会社の中で一番詳しくなろうと思って、歴史から全部勉強したんですけれども。その中で、普通の語学の授業だけじゃなくて、いろんなXX国の歴史とか文化とか、文学だとか、あと先住民の歴史とか、いろんな授業を大学の中でとらせてもらって、その中で私すごく先住民の文化に興味を持って。

　結構、都心の近くの1時間ぐらい行ったところでも、もう電気も水もなくて、家畜をお金のかわりに抱えて暮らしているような先住民の人たちがいて、私すごく軽い気持ちで結構、民芸品とかかわいくてカラフルで好きだったんですけれども、結構その裏にある搾取というか。まず彼らは先住民の言葉をしゃべっているので、□□語がしゃべれないと就職もできないし、都心に行って売り場も与えてもらえないしとか、いろんな問題を抱える中でやっている姿だとかを見て、フェアトレード的なものに興味を持ったというか、彼らからちゃんとした価値というか、価格で彼らの持っている文化なり技術を評価して、お金を落としてあげたいなという思いがすごくあったので。

　その大学の授業を通して、先住民の人たちを直接

クラスに連れてきて、話を聞いて、その人たちの村でつくっているものを直接フェアな価格で、決して安くはないんですけれども、買ってあげるとかというのをやっていたので。

【田中】　要はあれですよね、その先住民というのは、マイノリティの方々のフェアトレードを通じた支援ということですね。

【A25-F】　でも、それも別にボランティアをやりたいとかという気持ちでやっていたわけじゃなくて、単に言葉を覚えたいというところから始まって、もっとXX国を知りたいというところからどんどんはまっていって、突っ込んでいったらそこに行き着いたという感じはあるんですけれども。でも、結果的にそこの経験は生きたというか、語学研修が終わって会社に戻ってから、それこそ当然XX国の人と一緒に働くわけですけれども、彼らの思考回路だったり陽気に見えて実は根暗な人たち、その背景にあるものとかがわかったりとか、すごく役に立ったのと。

あと、ある程度普通に勉強しに来た人よりかは勉強したぞという自負、XX国大好きだぞというのを心から言える、それが職場の人にも伝わるのか、わりとこの現地社員の人たちに、あ、〇〇はほんとうにすごいXX国好きだからっていう感じで見てもらえたのもあって、すごく仕事がしやすかったというのもあったんですよね。なので、ちょっとあんまり会社の枠に外れて外の視点を持とうとか、そんな高尚なことを思ってやったわけではなかったんですけれども、結果的に思うとそうだったなと思って。

【小野】　向こうにいらっしゃったときは、多分もっとね、なじんでいらっしゃったのだろうなと。

【A25-F】　幸い私がいた時期って、結構日系企業がどんどん来て、新しく事業を立ち上げるというのを立ち会うシーンが多かったんですけれども、やっぱりその過程で採用をしなきゃいけないことが多くて。結構、一時私、人事なのかなと思うくらい採用面談を、日本人だけではなくてXX国人ももちろんいるし、あとはXX国に住みたい日本人を面接で採用していたりとかもあったんですけれども。そういう時期に、私が今まで触れたことのないかんじの日本人というか、そういう人たちって結構、将来それこそXX国で例えば何か学校を建てたいとか、何かボランティア活動がしたいけれども、そこまで今語学力があるわけではないし、生活の基盤があるわけでもないから、まずはうちの会社であるところの現地採用として雇われて、ある程度経験を積んで将来引退したときに、現地で何かやりたいみたいなことを思っている人で、面接に来る日本人の方で何

人かいらっしゃるので、ああ、こういう考えを持っている人もいるんだと思って。まあ将来的に、そういう人と共鳴できたら自分の退職後、何ていうか、つてになるかなと思って、そういう人たちとの人脈は大切にしておこうと何となく思っているところもあります。

【小野】　でも、まさに今、ボランティアとか社会貢献活動という言葉に流されがちなんですけれども、別にお金がつくとか、無償とか、ボランティアといったら、ちょっと何かこう枠があるような感じだけれども、そうじゃなくて、自分のやりたいことを少し会社から離れたところで、別のちょっとキャリアをつくってみるというようなことが、たまたま社会貢献活動だったりというのでいいんじゃないかというところもあるんですよね。あるいはそこをきっかけに別のキャリアが出てくることもあるだろうから、だからおそらく今後、また違う展開をされるのではないかなと思ったりはして聞いていたんですけれどもね。

【田中】　聞いていると、ボランティアとは言っていないけれども、好きなXX国になじんでいくプロセスというか、XX国の人たちのためになることだったら、何かやっていて、後で考えてみると、ボランティアだったなという感じですよね。

【A25-F】　そうですね。で、多分根底には、全部会社に還元できるかなというのが多分、あるんだと思うんですけれども。何かこれを通じて、どうしてもやっぱり自分の中で、もう会社のお金でこんなに勉強させてもらって、超ありがたいという気持ちがすごくあったので。どっちかというと、私は結構会社にどっぷり染まっちゃっているタイプなのかもわからないんですけれども。

【田中】　なるほど、ありがとうございました。もう一ラウンドさせていただきたいのは、会社に対して、こんなことがあったらいいなというのもあるでしょうし、場合によっては自治体がこういうことを提供してくれるといいなと思うんですが。このあたり、またA25-Aさんからご意見をいただけたらと思います。

【A25-A】　ほんとうに今は目の前の仕事をできるようになるというのでいっぱいで、そもそもセカンドキャリアというよりは、ファーストキャリアがどうなっていくかというところを考えているんですけれども。ボランティア以外にも、事業を通じたりとかという、いろんな形の社会に還元していく方法はあると思っていて。ただ、やっぱりそういうのは何をしていくかがないままで、ずっと行ってしまいそうな気がしていると。

その中でも、やっぱり接していく機会があるに越したことはないなと思っていて、それが例えば会社経由だったり、自分のコミュニティ経由だったりであると、自分自身もそこに参加していけるようにはなるのかなと。それって、結果的には受け身ではあるんですけれども、最初はそういうきっかけを持って参加していくようになれば、まあそれで自分も力を入れていきたいと思えれば、それ以降は自分で探すようにもなれるし、どう探していけばいいかわかるだろうし。そういうきっかけ作りというところの仕組みが何かあれば。

それこそ、自分がゼミを始めたきっかけというのは、先輩から教えてもらってというのがあったので、そういう身近な人から訴えるもの、今で言えば、それこそ会社が一番身近な存在ではありますし、そういうところが、実際にボランティア休暇というところの仕組みとかはあるんですけれども、具体的にじゃあ何をやるかというところは、そこまではないというので。そういうところでつながれる機会があれば、自分もやっていきたいという気持ちはあります。

【田中】　でもあれですよね、ボランティアのきっかけで、世論調査すると一番大きいのは、声をかけてくれる人がいたっていう。

【A25-A】　ああ、そうなんですね。

【小野】　例えば土日はね、疲れてもう休むだけ、平日にボランティア休暇があるんだけれども、声は上げづらいですよね、ボランティア、まだ若いとね。

【A25-A】　そうですね。

【小野】　それは、必ず消化しなさいよと、平日にと言われると、どうですか。

【A25-A】　うーん、何か、やらなきゃいけない義務がちょっとあるような気がして。1つ、もし自分が踏み出せるとしたら、やっぱり1日どっぷり何か活動するというよりは、ほんとうに短い時間で何かお手伝いをしたりという、それこそ平日の例えばちょっと早起きしてできることだったり、夕方でできることだったりということでも、そういう活動がどんどん増えれば、まあ疲れて土日休みたいと思っても、じゃあ平日もうちょっと頑張って、そこで行ってみようとかということは、できるような気がします。

【小野】　そうそう。今は何時ぐらいに帰っていますか。

【A25-A】　今は日によりけりですけれども、ほんとうに早く帰れる日は6時半とか7時に帰ったり、ちょっと8時半とか9時になる日もあったり。まあ、ちょっと波はありますね。

【小野】　なるほど。結構上の方たちは、何か長

時間働くのが当たり前の時代の働き方の人たちは、働き方改革で早く帰らされるから、やることがなくて、みんな何か町の中に浮遊しているという、行くところがなくて。ある意味、若い世代のほうが時間の使い方は上手なのかな、アフターファイブの使い方がうまいかもしれないですね。

【A25-A】　そうなんですかね、かもしれないですね。

【田中】　なるほど。じゃあ、A25-Bさん。

【A25-B】　初めてボランティアをやったきっかけが、声をかけてもらったという話もありましたけれども、まずは、あ、こんな活動があるんだというのを知っていくということが、そういう情報をいっぱい提供するソースを社内にいろいろ設ければいいのかなと思っていて。例えば、社内報の中で、そういうボランティア活動をやっている人を毎号2、3人特集してみるとか、イントラでそれを上げてみるとか、しかも同士募集みたいな感じで呼びかけたりすると、それをきっかけに興味を持つ人は集まったりするんじゃないかと思いました。

今いろいろお話ししているうちに、その声をかけてくれる人の人脈をつくるという意味でも、まずはボランティアじゃなくても、何か社外勉強会とか、社外でこんな人脈持ってこんな活動やっていますというのだったら何でもいいので、スポーツであっても、いろいろそういう人脈づくりの活動を紹介するようなのがあるといいのかなと。

私も今、先輩が立ち上げた異業種勉強会が月に1回あって、ほんとうにいろんな業種の人が集まったりしているんですけれども、その仲間でやっぱり今NPOでこういう活動しているんだよねとか、新しい活動のきっかけとかがあったりするので、どんどんそういう社外活動から活動を情報提供していくというのは、結構有効なんじゃないかなと思いました。

【田中】　社外活動って初めて出たかもしれないですね、今まで。

【A25-B】　ああ、そうですか。何か多分いきなりボランティアっていうと、ちょっとハードルがあるかもしれないですけれども、とりあえずまず人脈をいろいろ広げてみると、そこからつながってというのはあるんじゃないかなと。

【小野】　そうかもしれないですね。

【田中】　ネットワークってキーワードですね、広げていくというね。では、A25-Cさん。

【A25-C】　そうですね、会社が強制力を働かせないで、何かボランティア活動をすればいいのかなと思ったきっかけが、たまたま講演会で□□会社の

—77—

環境 CSR 部の部長さんが、会社のパンフレットというか環境活動みたいなのを持ってきていて。何かそれを見たときに、あれ、うちの会社って何をやっているんだろうなって、こう 10 年勤めている人間でもちょっとよくわからずですね。多分そういうのを、うちの会社も何かしらやっているはずで。そういうのをどんどん出せば、多分やりたい人っていっぱいいるはずなんですよね。

あとは、やっぱり XX 国とかでボランティアが根づく理由の 1 個に、企業の場合ですと、どうしてもタックスの控除があったりというのがありまして。そういうのって 1 個のモチベーションかなと、やっぱりふるさと納税がここまではやるのも、何かしらのメリットが人間あると、やるっていうモチベートにはつながるので、こういうことが国の政策としてもうちょっといければいいのかなと思いました。

あとは、さっきから話を聞いていて、忙しいのでどうしても時間が割けないと思うんですけれども、結構外資系の企業の方って、忙しいはずだけれども、やっている方が多いんですよね。あれ何でだろうなって考えると、さっきそれこそおっしゃられていた 1 日中時間をかけてというのはみんなできないけれども、会社にそういう方が 1 時間ぐらい来て、何かこうセッションじゃないですけれども、時間をとってというのをやっているという話を、自分の友人の NPO、のところに来て。まあ結局 NPO 団体としても早いというか、お金持っている人たちのところに行って、そういうのをもらっていって帰ると、時間的な効率もいいというのもあって。多分、そういうのもうちの会社とかだといいんじゃないかなという気はします。時間的にどうしても限られている、チャンスもない、けどある程度のお金の余裕は多少はあるかもしれない人もいるということで、そういうやり方があっているのかなという気がしました。

【A25-B】　短時間で割くという意味だと、組合がよくランチの時間にやっているセミナーとかありますけれども。その辺、労働組合とかもうまく協働していくといいのかなと、今聞いていて思いました。

【A25-C】　確かに、あれ人気ですものね。

【A25-B】　結構参加者多いですものね。

【田中】　ちなみに、タックスの控除は、日本は結構実は進んでいて。所得にもよるんですけれども、認定されている NPO に 1 万円寄附したら、5,000 円は控除されるんです、税額控除制度がなかなか、普通の所得控除なんですけれども、税額控除を入れている国って少ないんですけれども、日本は入って

いるんですね。

【小野】　そうね、あんまり知らない人も多いかもしれない。寄附したときに、もらうんですよ、領収書をね。で、それを持って、確定申告しなきゃいけない。面倒くさい。

【A25-C】　ああ、なるほど

【田中】　でも、ほんとうはだから、サラリーマンの場合には、そこの中でやってもらっちゃえばいいんですよね。やっているところ、あるんじゃないかな。

【小野】　生命保険と一緒みたくね。

【A25-B】　うちの会社は少なくともやっていないです。

【田中】　それなりに人事が大変になりますからね。でも、多分給与からというか、やってくれれば、社会保険と一緒に、多分かなりの人寄附するかもしれないですね。

【A25-C】　そうですね、と思いますけれども。

【A25-B】　その寄附の控除というところはわかるんですけれども、ボランティア活動に対してとかって、どういうメリットが、別に税額控除とかないですよね、活動するとか。

【田中】　ほんとうはね、あってもいいんじゃないかと思うんですけれども、さっきのポイント制っていうのもあると思うんですよね。

【A25-B】　そうですね、それもそう。

【A25-C】　あと、1 個ちょっとさっき強制力を会社で働かせないほうがいいって、私もそう思うんですけれども、強制力をあまり働かせないほうがいい一方で、働かすほど物事が早く進むというのも、我々のような大きい会社だとそうなのかなという気もしますね。

【小野】　上の人間が率先してやると、下がやるというふうなイメージですかね。

【A25-C】　そうですね、はい。若い世代は、基本的に柔軟性があるんですけれども、どちらかというとより上に近い、でもほんとうの上でもないという人たち。

【田中】　シニアミドルクラスですよね。

【A25-C】　そうですね。

【田中】　トップは、社長が理解していても、そこのちょっと下のところですよね。

【A25-C】　そうですね、そこが意外と突破するのが、もう社長が言わないと話が進まないという。

【田中】　じゃあ A25-D さん、お願いします。

【A25-D】　私としては、やっぱり考えるだけで踏み出せないというところがあって、いろいろボランティア検索したらいっぱい出てきて、すぐ行こう

と思えば行けるような環境ではあると思うんですけれども、やはり全く知らない団体に自分でネットで探して、多分 1 人とかで行ってみるというのはなかなかハードルが高くて。

やっぱりさっきの震災とか、東京マラソンとかオリンピックとか、そういう何か大きいものは、参加しやすいというかハードル低く、たくさんの人が参加しやすいものだと思うんですけれども。それ以外の、例えば子供食堂に行ってみるとか、そういうのって結構なかなか難しくて、そういう最初の一歩になるようなところを会社が提案してくれるとか、会社でみんなで行くとか、もしそういうのがあったら、後押しされるきっかけになるというか、一歩を踏み出せるきっかけになるのかなというのは、自分自身も感じていますし。

やっぱり土日とかっていうと、また少しハードルが上がってしまうので、何か昼休みとか、あと早目の時間とか、何か会社とかでできることとかがあるのであれば、自分自身も参加したいなというのはすごく感じます。

あと、さっき強制力を持たせてやるのはどうかという話があったんですけれども、やはり私、ずっと学校の教育の中で強制的にやらされていたけれども、今となっては強制のボランティアだってすごい感じるけれども、それがもう日常として普通になっていたというのがあって。何かちょっと会社だと難しい部分もあると思うんですけれども、それぐらいの感覚でみんなが普通に、ボランティアみたいな強い思いじゃなくて気軽に、じゃあお昼食べながら何かやろうかなぐらいの感覚でできると、すごくいいなというのが思います。私、なかなかそういうのって、会社とかじゃないとできない、そういう日常、自分の普段の日常の中で入れるというのはちょっと難しいので、会社の中でできたらいいなとか。

あと、やっぱり強制でボランティア活動するとかじゃなくて、会社の教育的な一環で、年 1 回は参加しましょうとか、新入社員は 1 回行きましょうとか、何かそれぐらいの強制力だったら。毎年 1 回行くとかいうと、難しいかもしれないんですけれども、何年かに 1 回は、この中の自分の日程が合うやつで行きましょうぐらいの自由度であれば、そんなに強制的に感じないのかなと。

あと、やっぱり興味がある人、興味がない人って、全く分かれちゃっていると思うんですけれども、興味がない人も、ちょっとかじってみると、あ、これでもボランティアになるんだみたいな、結構ボランティアってやってみたらハードル高いものじゃなかったりするので、そういう興味がない人にも参加

してもらうというのは、必要な取り組みなのかなとは思います。

【田中】　確かにですね、経験した人とそうでない人の認識ギャップがめちゃくちゃ大きいんです。わかりました。では A25-E さん、お願いします。

【A25-E】　ちょっといろいろお話を聞いて、どんなことがあればアクションにつながるかということを、3 つぐらい思いついたというか、感じたところがあるんですけれども。

1 つが、さっきのマラソンの例のプラットフォーム的なものが、特に IT 的なプラットフォームがあればやりやすいかなと、ちょっとテクニカルですけれども。で、ちょっと思い返すと、XX 国にいたときに、ボランティアじゃないですけれども、□□とかをよくやってですね。すごい大きなマッチングサイトがあって、フットサルだったり、ラグビーだったり、あと日本語を教えますだとか、英語教えますだとか、アートとかビジネス、もうほんとうにいろんなジャンルのがあってですね。それに、個人で参加をして、次の土曜日 10 時にここに集まってくださいといったら、40 人ぐらい集まって。人種も男女ももうほんとうにばらばらで、適当に 4 チームに割って試合をするとか、そんな形があってですね。

実は、そのプラットフォーム、日本にも入ってきているんですけれども、ただ全然使われていなくてですね。日本人ってやっぱり異質な人たちとかかわるのって、あまり得意じゃないというか。同じ日本人でも多分しないんじゃないかなと思う。ちょっとその辺は何かやっぱり、今 A25-D さんが言ったように、ある程度強制力だとか、何か仕掛けが一つ必要なんじゃないかなというところは、ちょっと感じます。

あともう 2 つ目が、働き方もちょっと感じるところがあるんですけれども、これも XX 国のときの話で、勤務時間はもちろんオフィスにいるんですけれども、その後に例えば 6 時ぐらいからそういう何かコミュニティのイベントに参加して、また 9 時ぐらいに戻ってきて、2 時間ぐらい仕事をしてというサイクルでも、結構回せたなというのがあって。あまり日本でそれをやると、何かそのまま帰れみたいに言われて、働きたくても働けないとかって逆にあったりして。なら、そういうちょっとフレキシブルな働き方ができれば、ほんとうに土日しか活動ってできないんですじゃなくて、平日の夜だけできるというのもちょっとあるのかなと。あんまり健全なやり方じゃないかもしれないんですけれども。そういうやり方が、すごい自分はやりやすかったなと思います。

あと最後ですが、本日のテーマで、キャリアというところでいうと、今ちょうど□歳なんですけれども、周りのだとか、大学の同級生が結構転職をするタイミングになっていてですね。じゃあそのときに、このボランティア活動だとか、そういった会社外での活動というのが、今は評価はされないような気はするので、何かそういうところが評価されたりだとか、社内的にはそういうところが何かひもついてくると、それも若干強制力というか、インセンティブかもしれないですけれども。ほんとうにパラレルキャリアと、セカンドキャリアと考えるなら、例えばそういう制度があってもおもしろいのかなというところがありますね。

【田中】　なるほど。新入社員の採用のときに、社会貢献活動、ボランティア活動というのは、加点要素になるんですか。

【A25-B】　明確な加点要素として、こういう項目だと加点とかっていうふうに決まっているわけではなくて、わりとこう定性評価なので、もちろんマイナスにはなっていないというか。ただ、ボランティアをやっていたというだけでプラスになるというのではなく、じゃあその中でどういう成果を上げたのかとか、どういう人づき合いをしてきて、どういうプロセスとかを見ていますね。

【田中】　私もキャリア採用のときに、これが評価されるというのはあまり聞いたことないですね。でも、確かにその人間の厚みというか、あとネットワークの豊かさとか考えると、キャリア採用の際でも、そういう活動をしていたというのは、バリューになってもいいですよね。

じゃあA25-Fさん、お待たせしました。

【A25-F】　ちょっと今の話にもつながるかもしれないんですけれども、やっぱりそれこそこういう取り組みとかをコアタイムに入れるためにも、何か会社にフィードバックをして、それが評価される仕組みがあればいいと思うんですよ。1日2時間でもボランティアに割く時間があるんだったら、この仕事片づけてよって思う人は、多分まだまだ周囲にいると思うので。ただ、その経験を通して、何か自分の所属している組織なり会社なり、少しでもフィードバックできるものがあるんだったら、周りは認めてくれると思うので。で、まあ必ず無駄な経験はないというか、どんな行動にも多分学びはあると思うので、それもアウトプットして、会社にフィードバックできる仕組みさえ何かつくってくれれば、すごくやりやすくなるなというのは思います。

【田中】　すいません、何か長い時間いただきましてありがとうございました。

【小野】　ありがとうございました。

A社座談会　35－44歳グループ
平成29年12月8日

【小野】　　仕事と社会貢献活動について、どういうものに興味があるかとか、これまでやったことがあるのかとか、自己紹介がてらちょっとお話を回していきたいと思います。A35-A さんから行きましょうか。

【A35-A】　　□□部の A35-A と申します。やったことがあるというと、東北のボランティアに行ったのと、あと（本社前の）交通整理をしたこと。あと、XX 国に駐在しているときに、ボランティアというのを隣の人に誘われてやったことがあるという、私の人生の中では、多分このぐらいなんだと思います。

まあ、基本的には興味があるんですけれども、やっぱりきっかけというか機会があったらもっとやりたいんですけれども、どうやってやるかわからないというようなことがありまして、まさに退職後というところも含めて、興味がありまして参加したという次第です。

【小野】　　ありがとうございます。また回ってくると思いますので。じゃあ、隣の A35-B さん、お願いします。

【A35-B】　　□□部の A35-B と申します。私が初めてボランティアというものに接したのが高校生のときで、XX 国のほうにホームステイを 1 年間する機会があって、そのときに方針としてボランティアでやっていますという、その参加した団体が言っていまして。私自身も海外から来た留学生の何か世話というか、事務局の手伝いをしたりとか、あとうちの家に受け入れたりとかという経験が一番最初で。それから、ボランティア活動を一生懸命したかというと、全く接していなくて。

次にやったのが、私も 3.11 の地震のときに、何かやりたいなと思ってネットでいろいろ調べて、実際やったのが、津波で流れた写真を洗浄するという、そういう活動をしているグループを見つけて、仙台まで行って、真夏に写真を 1 日中洗っていたというような活動をしました。

その後、□□にも同じような活動をしているところがあって、ちょっと参加したりしたんですけれども、その後ずっと続けているかというと、私自身も今全然ボランティア活動というのはやっていないんですけれども。そういった活動って、個人的には興味があるので、今回この場に参加させていただいています。

【小野】　　なるほど。ありがとうございます。じゃあ、回って。

【A35-C】　　□□部の A35-C と申します。
私は、ボランティア活動は、興味はあるんですけれども、今まで願ってこういう活動をしてきましたというのはなくて、学生時代に近所とか学校の近くの清掃活動だとか、まあそういった小さい活動にしか参加したことはありませんでした。

3.11 のときも、気にはなって、何かやってみたいなと思いながら、日々の仕事だとかいろいろ追われて、結局行動は起こせずに。ただ、去年から仕事でも生かせると思って、□□の養成講座に通い出したんですね、もう完全にプライベートの部分で。そこで出会った方々が、結構そういう社会貢献活動のようなことをされていたりだとか、実際、先生方も、傾聴ボランティアで活躍されているだとかというお話を聞いて、何かそういったことを学びながら、私にもできることがありそうだなということを考えているさなかに、このメールをいただいたこともあり、ちょっとしてみようかなと。

あと義母も、高齢ですけれどもまだ元気なので、介護施設だとかそういったところで、ボランティアになるようなことを結構積極的にやっている人で。何かこう影響も受けながら、何かできたらいいなと思って、ここに参加させていただくことにしました。

【小野】　　ありがとうございます。A35-D さん、お願いします。

【A35-D】　　私は、実は社会貢献活動に興味があまりないほうです。子供が今中学生なんですけれども、その関係もあって、小学校の旗振り当番とか、そういったことには参加させていただいています。

今は子育てと仕事と、母が亡くなり父が入院し土日は介護で通ったり、全く時間がないです。時間がないので、逆に助けてほしいというか、どちらかというと、そっちで接するケアマネジャーさんだったりとか、こういう方々に助けられたりとかしています。今後子育てしていく中で、自分が結構つらかったこととかで、まあこういうのがあったらよかったんじゃないかなというのを、今後自分に時間ができたときに、ちょっとこういうのがあったらいいんじゃないかなと思うアイデアはありますが今は時間がない、それより寝ていたいというのが実感です。

【小野】　　そうですよね、わかります。睡眠時間が少ないんです、この年代って。みんな睡眠時間を削って、いろいろお仕事されたりとか。

【A35-D】　　そうですね、やっぱり家事と仕事の両立に介護まで加わると、やっぱりもう時間が何もないです。

【小野】　わかりました。A35-E さん、いかがでしょうか。

【A35-E】　□□部の A35-E です。自身のボランティアの経験というのは、幼少期、ボーイスカウトをずっとやっていました。ボーイスカウトの活動は社会貢献的な意味合いを含む活動が多いので、例えば老人ホームの清掃であったりとか、緑の羽の募金活動とかが、幼少期の経験としてはあります。

それ以降、特になかったんですけれども、XX 国のテロのときに、被災した同僚の家族のサポート、ある意味業務としてなんですけれども、家族のケア、日本からご家族が来られたときに帯同して、一緒に病院を回ったりとかいうのがありました。業務としての期間が終わっても、すぐこれでおしまいということにはならないですし、そうするつもりも当然なくて、今でも担当したご家族とのつながりはありますし、ある意味、精神的なサポート役としてのボランティア的な位置、役割を果たせていたのではないかなとは思います。

そのボランティア活動という意味では、どちらかというと今現在は受益者、今の A35-D さんと一緒なんですけれども、数年前に家内が亡くなりまして、シングルファーザーなんですけれども、前後して両親も亡くなっているので、通常の家事サポートをいろいろ探す中で、例えば市がやっているファミリーサポートサービスという、ボランティア、有償なんですけれども、そういう支援団体みたいなのにすごくお世話になっています。

そういう意味では、その恩返しという形で、まさに A35-D さんと一緒なんですけれども、将来自分に余裕ができたときには自身もボランティア活動をしたいとは思っているんですけれど、正直、今パラレルというのはまず無理ですね。

【小野】　そうですよね。ありがとうございます。A35-F さん、お願いします。

【A35-F】　□□部の A35-F と申します。私自身も学生のころは、外国人観光客の通訳ガイドのボランティアとか、サークルなんですけれども、させてもらったりとかしていたんですけれども、今子育て中ということもあって。ボランティアというのはどこまでこう広げていいのかと、学校の活動とか子供のスポーツのサポートとか、そういうのも入れてしまうと、結構ボランティアをしているのかもしれないんですけれども、どこまで自分のためなのか、よそ様のためなのかというのも、ちょっとわからない部分もあって。そういう意味では、結構土日とかは基本、スポーツのサポートとか地域の活動とか、そういうところに、ある意味こう一員としてさせてもらっていますね。

あと、仕事の関係で、同じぐらいの世代の人、女性が中心ですけれども、勉強会みたいなのをやったりとか、それで講師を探してきたりとかいうのも、これもまあある意味、自分のためですけれども、ほかのメンバーのためでもありみたいな部分で、個別、個別、そのときの興味とかに従ってやっているというところはありますね。

【小野】　なるほど。ありがとうございます。ボランティアを阻害する理由って何でしょう。

【A35-B】　正直言うと、何かボランティアって、いわゆるどういう活動かって、何かこうよく考え始めると、よくわからないというところも正直ありますね、私は。

【小野】　実際、行かれたじゃないですか、□□に。そのときは、多分まあ世の中みんな、何かしなきゃって思って行かれたと思うんですけれども、正直行ってみてどう思われましたか。

【A35-B】　私自身、出身は□□なんですけれども、60 になったらもう働かないと父親が決めていて、□□に移住したんですよ。で、両親が□□で被災して、今影響なく生活しているんですけれども、結構何かしたいという気持ちが個人的にはすごく強くて。

3月に地震があって、8月に行ったのかな。実際に、事務局の人が、津波で全部この辺流されちゃいましたっていうところに連れていってくれて、すごいショックで。ああ、私またここに来て活動するって、そのときは強く思ったんですよ。

でも、結局2度目はなくてというのを、ちょっとその後何度も考えたんですけれども、お金が結構かかったんですよ。□□までの往復と、あと宿泊費も当然かかりますし。その作業場までも結構、バスで行って帰ってきて、.それで、お金もかかるしみたいな感じで、続かなかったんですよね。

会社は、ありがたいことに、うちの会社ってボランティア休暇があるので、それで休暇はとれたんですけれども、何となく足が遠のいちゃいましたね。

【小野】　宿泊費も自分で出して、全部持ち出し？

【A35-B】　全部持ちですね、はい。食費とかも当然そうですし。なので、ほんとうにそのときは、一生懸命やりたいって、続けたいって強く思ったんですよ、住んでいる人の話とかも直接聞いて。でも、ちょっと続かない。

【A35-E】　やっぱり金銭的、精神的、あと時間的な余裕がそろわないとなかなかしんどいですよね。なので、多分リタイアされた方がやっぱりメイ

ンになっていくんですよね、きっとね。

【小野】　だから、まあ震災というのは1つの大きなきっかけではあったかなという気はしますよね。普段、忙しいけれども、忙しい中でも何かちょっとでもやろうという、その思いでやる人が多分多かったと思いますよね。団体として何かありましたか、例えばオペレーションが、マネジメントが何かあんまりよくなかったとか。

【A35-B】　1週間だけですけれども、今印象に残っているのは、やっぱりそれぐらい毎日行っていると、結構人間関係とか、運営というほうのちょっとどろっとしているのかなみたいな、そういうのは何となく聞こえてきたり、見えたりするものはありましたね。

【A35-E】　みんな必死でやられているでしょうからね、余裕のない中で。

【小野】　わかりました。学生時代に、何かボランティア活動とかやられた方とか、いらっしゃらない？

【A35-A】　僕は学生時代ないですね。さっきの金銭的余裕がなかったというところですね。やっぱり3つそろわないとだめですね、時間はあったんですけれどもね。

【A35-E】　そうなんですよ。だから学生のときって、時間はあってもお金もないし。

【A35-A】　金がなくてね。

【A35-E】　今回のグループの世代は、お金はあってもちょっと時間がなかったりとか。A35-Aさんは、週末でもちょっとあいた時間でもできる、多分エネルギッシュなんですよね。精神的なキャパが多分広いんですよね。けど、我々とかになると、ちょっと時間があると、ちょっとでも休みたいぐらいになってしまう。だから、やっぱり3つそろうというのが、やっぱり必要なんだと思います。

【A35-A】　何でしたっけ、金と時間と。

【A35-E】　精神的余裕。時間とお金があっても、やろうという気持ちにならないと。意思ですね。

【A35-A】　意思ね、willだ、それはそのとおりですよね。

【小野】　金と時間と精神ですね。

【A35-E】　だから、余裕という意味では、金銭的な余裕と時間的な余裕と精神的な余裕ですね。その場で見たとか、私みたいにサポートしてもらったとか、実体験が伴うと、すごく強くなるんだとは思うんですけれども。まあ、そういうのに触れていないと、なかなかそういうやろうという気持ちには、普通の人はなかなかならないのかもしれないですね。

【小野】　金と時間と意思、意思はでも、意思がなかったら金と時間があってもやらないですよね。

【A35-A】　でも、もう一つのパターンは、やれって、ボランティアの定義がどうかだけれども、例えば会社で金と時間を与えるからやりなさいという、このパターンがあると思うんですよね。会社の強制的ボランティア、ちょっと言い方はあれですけれども。

【A35-E】　まさに僕、その海外で被災者のサポートのときが、それと近いと思うんですけれども。あなたの仕事として、毎日家族のところへ行って一緒に行動を共にしなさいという、業務としてアサインメントを受けていたんですよ。なので、それが仕事だったんですけれども、精神的にはやっぱりその人を何とかしてサポートしたいという気持ちになって。そこは、だから決められたことをやる以上のことを、例えば写真付きの張り紙を、家族と別れた後に、自分1人でちょっと大きな駅に立ち寄っては、張って回ったりとかということはやっていました。精神的なプラスアルファのところというのは、仕事の中でもプラスアルファを求め出すというのはあるのかもしれないけれども、そこは業務を超えた活動を、私自身はやっていたようには思います。

【A35-A】　あとは僕も、先ほど運営という面では、会社が用意した金でサポートしているという。時間もなんですけれども。で、そこで意思がある人が行ったというのが、我々のパターンなんですけれども、やっぱり運営がきちんとしたというのは大きいと思うんですよね。行ってみて、ちょっとどろどろみたいなのは、そういうのは何となくわかるんですけれども、そこがきちんとしていると行きやすいとかっていうのは、僕はあると思うしとは思うんですよね。

【小野】　前回この座談会のときも、東北のボランティアの話は出てきたんですけれども、結構皆さんきっちりいいお仕事をされて、すごく地元の方から感謝されたというふうにおっしゃっていたんですけれども。社協の受け入れですよね。

【CSR】　□□の社会福祉協議会がボランティアセンターを運営していて。そこに定期的に何人は必ず派遣するという枠を保証して。それが肉体系の泥かき系ですとか。あと、事務所のサポートということで2人ぐらい。

【A35-A】　僕、そっちだったんですよ、肉体ではなくて。A班が肉体派の側溝をかき出すのでそっちで行っていたんだけれども、電話当番をずっとやって。

【A35-E】　だから、不完全燃焼なんだ、もっと

やりたかったのにと。

【A35-A】　そうだったんです、そう。

【小野】　やりやすかったですか、社協の中の仕事は。

【A35-A】　震災直後だから、結構やっぱり精神的にはしんどかったです。

【CSR】　ご家族亡くなっている方とかもいらっしゃいましたので。

【小野】　ボランティアに行った人たちの、何かその後のケアみたいなものとかというのは、特に。

【A35-A】　だって、行く前にカウンセリングセンターのカウンセリングを受けて、きっとショックを受けるから落ち着いて行ってくださいみたいな講義を受けてから行くというですね、何て万全な体制なんだろうと。

【A35-B】　終わった後で、何か懇談会みたいな。

【A35-A】　ありましたよね、あった、あった。

【A35-E】　やっぱりそこまでサポートがあるから、もうその金と時間が用意されているので、あとシステムも用意されているので。あと、気持ちさえあれば行けるみたいな。

【A35-A】　ここまで整っているのはないと思いますよ。

【A35-E】　さっきの3つの条件の一つだけ、気持ちさえあれば行けるという状態だったんです。

【小野】　なるほど、いろんなことがわかりますね。

で、先ほどの金と時間と意思、意思なんですかね。

【A35-E】　精神的な余裕がなければ、意思も持てないだろうということです。今の僕の心境が、吐露されているのかもしれないです、余裕がないというのを吐露しているだけなのかも。けれども、余裕があって初めて行きたいという気持ちになりますよね、きっと。

【小野】　今、お二人、多分お子さんを持っていらっしゃる方からすると、いろいろ駆り出されると思うんですけれども、地域のこととか学校のこととか。そういうのも含めて何かありますか、無償でやっている、無償で労力を提供していることというのは。

【A35-F】　PTAとか。役員をしているわけではないんですけれども、突然振ってきます、何かカード書けとか。

【A35-A】　僕、ベルマーク張らされました。すげえ大変で。

【小野】　ベルマークは家に持って帰ってくるんですか。

【A35-A】　何かいっぱい来て、セロハンテープ

張るんです。私、夜11時ぐらいにやっています。明日までにやらなくちゃっていって。

【A35-E】　学校のプログラム次第じゃないですか。うちは絵本の読み聞かせとか、そういう当番とかってあったりとか、それこそ通学路の旗振りみたいなのもあるんです。で、必ずみんな何かをやらないといけないみたいな、そういう雰囲気がやっぱりPTAってあるので。ただ、僕のその状況、たまたま同級生の方々がある程度知っていただけているので、僕はじっと黙っていたら、みんな大目に見てくれていたりとかして、手を挙げなくても一応勘弁してもらえることが多いんですけれども。まあ、絶対何かをという枠組みからは逃れられないので、一番負荷のないやつにいつも入れてもらえているみたいですね。

【小野】　なるほどね。いかがですか、A35-Dさん。

【A35-D】　そうですね、さっきおっしゃっていたけれども、スポーツのチームとかに入ると、お弁当持って集合で、コーチのコーヒーとか、重いお湯をいっぱい持って、2リットル抱えながら行ったりとか。まあ、自分の子がいるので、メリットは受けていると思うんですが。

【A35-F】　そういうところで、お父さん、全然働かないんですよね。□□はしてくれるんですけれども、荷物運んだり……。

【A35-A】　コーヒーは運ばないわけですか。

【A35-F】　そうなんです、氷つくったり、コーヒー運んだり、ビニールシート洗ったりとか、そういうのは、まあ一義的には子供にさせるべきだと思うんですけれども、それをサポートするのは母親で。

【A35-D】　□□は、2時間とかで終わるんですよ。□□は朝の5時から夜の5時まで拘束されて、寒空の下ずっと待ちながら。

【A35-E】　やっぱり経験はとても重要で、私も今の職場ですごい配慮していただいているんですけれども、そうはいってもやっぱり経験している方と違うと思うんですよね。

【A35-A】　1回やらせるというのが大事だということでしょう。

【A35-E】　そう。だから配慮と経験って、弱者の気持ちで多分弱者しかわからない。それこそ、LGBTとかであっても、我々はすごく配慮したつもりでの発言であっても、多分その人たちにとっては全然足りていなかったりとか、踏み込んでしまっていたりとかもあると思うので。社会でそういうマイノリティーの立場とか気持ちって、例えば私がシングルファーザーですって言わなければ、普通に働い

ているお父さんにしか見えなくて、女性だとお子さんいらっしゃるのみたいなふうに言われても、男性への配慮って多分ないんですよ。だけど、実は家内がみたいなことを説明すると変わってくるんですけれども。でも言わなければわからなかったりとか。

　経験していなかったら、特に男性の年配の方とかは、家事を自分がやったことがないので、お母さんたちがどれだけ大変なのかというのは、多分わからない。僕も、この立場になるまで、すごく家族愛にあふれた人だと自分で思っていたんですけれども、全然足りていなかったということを思い知りました。やっぱり経験しないと、なかなか難しいのかもしれないですね。

【小野】　なるほど。A35-A さん、いかがですか。

【A35-A】　僕は、いや、基本的に社会、ボランティアもそうなんですけれども、人のためと思ってやっているんだけれども、何かのセミナーに出たときに、猫もしゃくしも働き方改革の中で、□□大学の教授が言っていたんですけれども、人のために何かすると、人間は幸せを感じるようにできていると。幸福を科学するという教授がいてね。で、幸せを考えると、創造力が 3 倍上がって、生産性が 1.3 倍上がるとおっしゃっていたので、そういうふうに統計上出たんだと。であれば、企業もこういう社会貢献活動を取り入れて、幸せを感じてもらって、幸せを感じたら、もっと会社がよくなると。この教授のとおりに行けばそうなるので、そういうのをやったらどうかなとは思うんですけれども。

【小野】　A35-B さんからはどうですか。ほんとうにボランティアっていうボランティアをやられたのは、A35-B さんだけなんですけれども。

【A35-B】　どうなんだろうな。うーん、まあ将来的な話というふうに視点を動かしたときに、ほんとうに最近、人生ってあっという間って何かしみじみ考えることがあって。で、職場の近くでも、嘱託で働いていらっしゃる方とかって、ぽつぽつといるんですけれども、私自身、じゃあ会社定年になった後って、何が幸せなのかなっていうことを結構具体的に考えるようになって。そのときの色鮮やかな人生っていうふうに近づけるためには、ボランティアって一つの機会なのかなと思うんですが。

やっぱり私自身、さっきの話じゃないですけれども、小さいときからボランティア活動っていう教育だったり経験がないので、もしかしたらお金をかけないボランティアっていうのも、あるのかもしれないっていうのはあるんです、わざわざ遠くに行かなくても。でも、何かそういう機会に触れることもなければ、何かわからないんですよね、何かボランテ

ィアしたいけれどもというだけで。かといって、何か専門的な勉強とかしていて、その能力を生かすとか、そんな専門性もないしなとか。じゃあ、今やっている仕事が何か社会の役に立つのかしらと思うと、うーんって考えちゃう感じで。何かどうしたらいいのかなというのは、何か考えちゃったりはするんですけれども、いまいちアイデアが浮かばないというところですね。

【小野】　A35-B さんとか、例えば都内のそういう団体で、こういうところあるよみたいな感じで提示してくれたら、そこにじゃあ登録してみようかなという感じになりますか。

【A35-B】　今年の夏、私はちょっと久しぶりにキャンプをしたんですよ。で、そのときに、いろいろショップの人とか、キャンプ場の人とかと話をしていて、皆さんキャンプ大好きな人なんですよ。で、知識も豊富でいろんなことを教えてくれるんですよ。うらやましいな、好きなことをこうやって仕事にしてと思って。

で、ちょっとボランティアと話が離れちゃうかもしれないんですけれども、何かそういう経験をこう興味持ってくれている人に教えるというか、アドバイスしたりとか、何かそういう活動をできたら幸せだろうなって、ものすごく何かこの夏感じたんですよ。

【A35-E】　やっぱり仕事って、生活の糧を得るためという基準もあるので、これだけの額は欲しいとかがあると思うんです。でもボランティアって生きていく生活のためにやることじゃないので、やりたいことをやる。多分、そっちの方向に進んだら、何かいっぱいあると思いますけれどもね、子供にキャンプ技術を教えるみたいなのとか出てくるかもしれないですね。

【A35-B】　何かそうなると、第 2 のセカンドキャリアとか、そういうところがすごく充実するんじゃないかなと思うんですけれども。

【A35-E】　やっぱり好きなことに突き進むのがいいんじゃないですかね。

【A35-A】　で、能力を発揮できるからね。

【小野】　これからやってみたい社会貢献活動の話にまさになってきているんですけれども。自分のそのキャリアとの関連を考えたときに、今おっしゃったように、今の職種というかそういうことを生かして何かやる、ほうがいいのか、それともおっしゃったように、アウトドアみたいな全く違うところで……。

【A35-B】　私自身はちょっと厳しいと思うんですよね。別に普通の事務職ですし、そこで得た知識

—85—

とかいってもたかが、何か別に世間に通用するもの
かといったら、そうじゃないと思っているので。そ
こはちょっと厳しいかなと。

【A35-E】　やりたいこととうまくやれることの
違いはあると思います。やりたい、興味はあるけれ
ども下手なものと、そんなに興味はないけれどもう
まくやれるので、これのほうが給与、金銭的な実入
りがいいものがあるという。仕事って大体、後者を
皆さん選択していて、やりたいことはあっても、そ
れで食べていける人ってすごく一握りじゃないで
すか。だから、ボランティアの世界に入ると、生活
の糧のためじゃないので、やりたいことを優先させ
てもいいと思うんです。今やっている仕事が好きな
ことで仕事している人だったら、その延長線上に行
けるんでしょうけれども、そうじゃない人はそこで
リセットじゃないですけれども、一旦切って、好き
なほうに行ってもいいんじゃないですか。

【小野】　例えば東日本大震災のボランティアの
話だったら、多分皆さんのスキルをすごく生かして、
貢献した活動だったと思うんです。

【A35-A】　スキルは大したことないんじゃない
かな。

【A35-F】　でも、生かしていた人も相当いまし
たよ。

【小野】　それはね、皆さん多分、過少評価し過
ぎなんですよね。思っている以上に、皆さんすごく
やっぱり企画力があったりとか、事務処理能力があ
ったりとかってするんですけれども、多分この中に
いると、そういう自分がそんなにできるわけじゃな
いって思っていらっしゃるとは思うんですね。じゃ
あ、ちょっと1周回りましょうか。A35-Fさんか
ら、これからやってみたい社会貢献活動について。

【A35-F】　私も子育て中なんですけれども、下
の子が来年小学校に入るというので、今までは基本、
つきっきりでどこに行くにも一緒だったのが、勝手に
どこか行くようになっているということで、ちょっ
と時間ができたので、そのときに、じゃあ自分が何
をしたいのかっていう。結構10年ぐらい何も考え
ずに日々の糧ばかり考えていたというので、ポカー
ンと気づいたというのもあって、それこそ社会貢献
もそうでしょうし、何か仕事とかも今までだったら、
結構バサバサあきらめていたところもできたりと
か。多分、出張とかもそうだと思うんですけれども、
できたりするんだろうなというところで、結構やっ
ぱりまずは仕事の部分を、もうちょっと比重をこれ
から増やしたいなと思いますし。

先ほどもちょっと話したんですけれども、仕事だ
と会う人は限られているので、それ以外で自分が興

味がある分野、働き方とかダイバーシティとか、そ
ういう横のつながりみたいなものも、今までは仕事
と家事を言いわけにしてできていなかったという
のも、もうちょっとやっていきたいなというのは。

【小野】　なるほど。社会貢献活動をする、今の
時点で、例えば先ほどA35-Eさんがおっしゃった
ように、時間と金と精神的余裕というものが必要だ
とは思うんですけれども、会社が何か用意したとし
て、どのぐらいの日数とか、どのぐらいの時間だっ
たら、こういう活動に割けるかなという感じですか。

【A35-F】　まあ、2、3日とか数日単位であれば、
十分割けると思うんですけれども、一部のすごく崇
高な立派な人が行くものというよりも、何か誰でも
年に1回ぐらいはこういうのをやるものという、
上司も行くし部下も行くしみたいな感じになった
ほうが、多分行きやすいのかなと。で、すごく何か
スキルが生かせるから1週間行ってきますという
人もいれば、ちょっと軽く1日で行ってきますみ
たいなのもあったら、何となく職場の雰囲気的にも、
まあそういうのが仕事に生かせることもあるのか
もしれないしという、マインド的にも生かせる部分
もあるでしょうし。そういうのが出てきたら、いい
んだろうなと思いますね。

【小野】　なるほど。いろんなメニューがあって。

【A35-F】　料理が得意な人は料理すればいいし、
それ以外にも何か散歩が得意だったら、散歩で行っ
たらとか。いろんなすごくスキルと仕事の内容とす
ごく近いのもあれば、そうでないのもあると思うん
ですけれども。全体的な雰囲気とか、トップとかが
行ってきましたとかいうのを言ってくれたりとか、
そういうのがあるといいなとは思いますね。

【小野】　なるほど。1年に2、3日ボランティ
ア休暇を使って、そういうメニューみたいなところ
を選んで、行ける機会があったら行けるかなという
ことですね。

【A35-F】　はい。

【小野】　なるほど、わかりました。ありがとう
ございます。A35-Eさんは。

【A35-E】　さっきも触れたかもしれないんで
すけれども、将来的には今サポートいただいているよ
うな形で、子供の関係で同じような境遇の人のサポ
ートができればなとは思っています。まあ、ただち
ょっとこう走り続けている状態であるので、子供の
独立を心待ちにしているぐらいなんで、そうなると、
ちょっとしばらくお休みしてからかなとは思って
いますけれども。活動するときには、そういう同じ
ような苦労している人のサポートができればなと
は思っています。なので、会社のプログラムが今あ

っても、おそらく手は挙げないとは、僕自身は思いますね。

【小野】 わかりました。ありがとうございます。

【A35-D】 私もどちらかというと、ボランティアというよりは、ビジネスみたいにしてやれたらいいなと思っていて。例えば、公文、子供が小さい時に送迎がネックで、習い事にあまり行かせてあげられなかったんですね。専業主婦とかだと、公文に連れていったり、ピアノに連れていったりとかが可能で、やっぱりそこで差がついちゃったなと思っているので、公文と組んで、保育園との往復をつくるとか。

もしくは私は、家事が苦手なので、朝からお弁当をつくるという、この作業がものすごい苦痛なんです。小中は給食がありますが、中学校は都だけですよね、。高校は全部弁当なんです。有償でいいから給食にしてほしいって思っていて。それはボランティアじゃなくて、必要だと思っているんです。これをどうにか実現する手立てはないものかと思うので、まあ時間ができたらそういうところを考えていきたいと思っているくらいです。

【小野】 いやいや、でも、そういうところから発展していくんですよね。ほんとうに、地域のそういうボランティア活動とかに、女の人がやっぱり多いというのは、多分そういう普段の困りごととかをみんなで共有して、どうにか解決したいという思いから、そういう活動が広がっていくから。

【A35-E】 それのボランティアで、自分が給食つくるとか。

【A35-D】 それも考えていますね。

【A35-E】 そこまで行くと、ボランティアの世界に入るんじゃないですか。

【A35-D】 ボランティアじゃないですよ、有料でやる給食です。別に自分がやりたいというより、そういう仕組みをつくって、働くお母さんが楽になってほしい。もしそれでみんなが幸せになったら、私もハッピーという。

【小野】 それはもう将来に向けて動き始めてください。まずは、仲間を募る。

【A35-D】 そうですね。だから、それのやり方がわからないのであれなんですけれども。

【小野】 いや、でもほんとうにNPO化で意見する話ですよね。ワーキングマザーはみんな、多分困っているんですよね。

【A35-E】 ファーザーも入れてください。

【小野】 なるほど、ありがとうございます。では、A35-Cさん、将来的にどういう感じですか。

【A35-C】 そうですね、私もまだ2歳の子供で、今も短時間勤務で時短でやらせていただいていて、ちょうど子供が生まれて1歳のときに母を亡くしているんですね。なので、いろいろ私もお世話になることのほうが多くて。現在も、じゃあ余裕があるかというと全然なくて、どちらかというと、ぱんぱんなんですけれども。でも、何か気になっていた□□とか何か役に立ちたいと思っていて、自分も興味があるところにちょっと一歩踏み出してみたら、何かちょっと心の余裕というか、潤いみたいなものが何か生まれたんですよ。で、何か役に立ちたい欲求って、勉強していく中で、自分の中でもあったんだなということに気づいて、そんな中で、何かちょっとでも一歩踏み出せると、逆に心が軽くなったなというか。

【A35-A】 脳が幸せを感じて。

【A35-C】 でも、そこにいっぱい時間を割けるかといったら、できないんですけれども、何かそういうことがあると、人って違うんだなというのを感じて。その中でいろいろ活動している方の話とかを聞いていると、何か人のためとかに言いがちだけれども、回り回って、やっぱり自分が幸せになるからとか、相手から幸せをもらうから続けられるんだよみたいな話を聞くんですね。土日だけしている方とかもいて、ほぼ無償みたいな感じで。でも、それは笑顔が見られるから楽しいんだよとか。

あと、義父母とかも、まだ元気で動けるから、それで介護施設とかに行って、行っていると時間潰しにもなるし、楽しいのよみたいなことを言っていたりとか。何かこう自分が好きなことがつながっている人って、継続してやっていらっしゃる方が多いなという印象があるので。私もそれをつなげてやっていけたらなと思っていて。

で、あと日々の生活の中で大部分を占めている仕事が、必ずしも自分のすごく好きなことで、すごくやりがいを感じていることではない人も多いのかなと思っていて、そんな方が、余暇の部分で自分が打ち込めることで、かつちょっとでも人の役に立っている気がするようなものがあれば、セカンドキャリアではない、副業まではいかないかもしれないけれど、やれるのかなと。

私は、自分の好きなことをちょっと見つけてやっていきたいというのと、やっぱり医療関連にも母がお世話になったりとかしたり。あとは、自分の子供も今はお世話になっているほうなので、それこそファミリーサポートとかもお世話になっているほうなので、余裕ができたらそこもやっていきたいなと思っています。

【小野】 ありがとうございます。何か可能性を、

自分の中の小さな可能性をこう芽吹かせるという感じなんですかね。

【A35-C】　そうですね、まだ私、資格は取れていないんですけれども、これから試験があるんですけれども、合格してからは、何か活かしてやっていけたらなと思って。今ちょうどそれを考えているときですね、情報交換とかしながら。

【小野】　私もそうだけれども、いっぱいいっぱいで、忙しい、忙しいっていって、全部こうはねのけるんじゃなくて、何か一つこうやってみると、ブレークスルーできるというか、そういう感覚がね。

【A35-C】　ちょっとありました。もういっぱいいっぱいだったんですけれども、まあ、やれなかったらいつでもやめられるというのがあったので、自分の興味があって勉強するというのは。やってみようと思ってやってみたら、体はもっと大変だったんですけれども、いろんな全然会社という枠組みじゃない方にも出会えるし、何かちょっと違う世界が見えた気がして。

【小野】　いいですね、何か多分、今それをやられたことが、今後ずっと続いていくということを考えると、何かこう将来的にちょっときらっとした道が見えるというか。

【A35-C】　そうですね。何かちょっと楽しくなれたような気がして。

【小野】　なるほど、なるほど。A35-B さん、いかがですか。

【A35-B】　社会貢献活動したいとは思っているんですけれども、もう具体的なものはほんとうに何もなくて、ただ何かしないといけないなという、若干焦りみたいなものは最近出てきたという、それ以上、それ以下もほんとうになくて。で、何か新しいことを始めるって、やっぱりこう例えば退職して翌日からって、絶対始められるものではなくて、ほんとうに自分の両親とか見ていても、やっぱり 10 年単位、20 年単位で準備をして、退職を迎えて、次の人生って進んでいるのを見ていたりしていたので、やっぱり突然生活変わったら、うまく適応できるかといったら、できないだろうなと思うと、何か今から考えなきゃなと考えているだけで、皆さんのように具体的なやりたいこととかっていうのがなくて、会社がそういう何か社会貢献の一環で情報とかくれたらいいのにって、今そんな考えがぽっと浮かんだんですけれども。

【小野】　ご両親が、定年退職を迎える 10 年前から計画立てて動いていらっしゃったんですか。

【A35-B】　そうなんですよ。

【小野】　すごいですね。

【A35-B】　もう何か田舎で暮らすって決めていて。ほんとうに父がまだばりばり現役で働いている、40 代とか。

【A35-A】　特に移住とかが絡むと、かなり前から計画しないとあれですよね。

【A35-B】　いや、私自身はもう東京都内に結構疲れてきちゃっていて、会社やめようとは思っていないですけれども、別に地方都市に住むというのもいいかなとか思っていて。

【CSR】　私ちょっと社内貢献チームで、アイデアというか、ちょっと皆さんの意見を聞きたいんですけれども、実は NGO とか NPO でまとめていらっしゃるところがあるじゃないですか。そこで、所属している NPO の団体がボランティアを紹介、募集しているときの紹介の情報をサマライズしたものを、定期的にイントラに情報としてアップして応募するとか、それに参加というのは皆さんの自由で、そういう情報源を提供するというのをやってみたいなと思ったんですけれども。

【A35-B】　いいですね。

【小野】　この中だったら、行くといったら、必ずボランティア休暇は出しますよという感じなんですかね。

【CSR】　そこで紹介するようなボランティアというのは、もちろんボランティア休暇をとろうと思ったらとれるようなものにもなるんじゃないかと思うんですけれども。

【A35-C】　ちょっと伺いたいんですけれども、東日本大震災の後って、とっていらっしゃった方が結構いらっしゃると思うんですけれども、現在ってどれぐらいの方がとっていらっしゃるんですか。

【CSR】　今年、有休取得を促進するというのに加えて、その数の中にボラ休も入りますよというような、人事部とタイアップして、やっているんですけれども。

【A35-C】　別のほうがうれしいです。14 の中に入れられると、何かじゃあ有休でいいかみたいな。

【A35-E】　ボランティアしつつも、有休で行っちゃうみたいな話ですね。

【CSR】　多分ね、ボランティア休暇っていう制度を使わないで、有休が余っているから、有休を使ってやっている方って、結構いるんじゃないかと思うんです。面倒くさいから申請しないというのもあるし。

【A35-A】　これ、スポーツチームのコーヒー運びはこれだめなの、この定義とかつくるわけでしょう。これはだめとか言われたら、ちょっと悲しい気分になるじゃないですか。取得対象とならないもの。

【A35-E】　　　対象事例として書いている。えー、ここどう読むのかな。PTAとは…、親睦が目的はだめと書いてあるじゃない。

【A35-A】　　　地域のスポーツ大会、催し物、これはほら、スポーツ大会。

【A35-E】　　　地域貢献になるからね。

【小野】　　　結構、これ読んで、ハードルが高いなという。これだったら、もうどうせ年休消化していないから、年休で行こうかって感じになっちゃうんですね。
どういうふうに変えたらいいでしょう、上の人がもっと自分たちがどんどん行く感じ？

【A35-A】　　　組織である限りは、まず上から率先するというのは常套手段ですよね。

【A35-D】　　　多分、それでカバーしなきゃいけないもう1人の事務職なりがやっぱり。

【小野】　　　じゃあ、最後はA35-Aさん。

【A35-A】　　　多分、今やりたいことと将来やりたいことでは、ちょっと違ってくるのかなと。今、さっき言った分野でと言われたら、そうですね、草むしりとかがいいんじゃないかなみたいな、単純作業がしたいなと。ずっとベルマーク張っているとか、そういうほうがほんとうは。ずっと同じことをやっているほうが好きなんですよね。だから、別にデータの打ち込みとかっていうのとかでも、全然いいんですけれども。あまり頭を使いたくない。

【小野】　　　それは、日常頭使っているからということですかね。働き盛りのもうくたくたの状態だから、もう違うところをやりたいんだろうなというのは。やるとしたら、週1ぐらいで。

【A35-A】　　　週1なら全然あれですけれどもね。月1日とかだったら別に、うん、いいんじゃないかと思いますけれどもね。

【小野】　　　もうそろそろお時間が近づいて参ったんですけれども、何か会社に対してこういうことをあったらとか、あるいは社会とかでこういうことがあったら、もうちょっとやりやすいのになとかいうのがあったら、何かありますでしょうか。

【A35-A】　　　システムですよね、そもそも1人だとできないから、仲間を集めてくれて、箱をつくってもらうというのはとてもありがたいし、またPRとか浸透だと思うんですけれども、こういうウエブとかね。

【小野】　　　会社の中にボランティアサークルみたいなのがあったら、興味あります？

【A35-A】　　　会社の中でボランティアサークル、あったらやってもいいんじゃないですか。僕は、昼休みね、ごみ拾いしてもいいですし。意外と手のあ

いている人もいるんじゃないかと思うしね。

【古俣】　　　ちょっと1点だけ伺っていいですか。ボーイスカウトをやられていて、多分話の中でもあったように、共同募金とか掃除とか、そういう活動をやられたということが、その後のボランティアの精神みたいなところになったという記憶で？

【A35-E】　　　やっぱりイメージ的にはなかなか難しいですけれども、多分、奥底にはあるんじゃないかなとは思いますけれどもね。

【古俣】　　　でも、そんなにはっきりとした強いものではない？

【A35-E】　　　そうですね。まあ、ボーイスカウトの経験があったからなのか、それとももともとの性格的なものなのかというのも、多分人によって違いはあると思うので。ボーイスカウトって、社会勉強なんですよね。

　ボーイスカウトの決まりごとみたいな、精神論みたいないろいろスローガンみたいなのがあるんですけれども、集会の中で、必ず復唱したりとかするので、自然とすり込まれているのは、もしかしたらあるのかもしれないですよね、それこそ老人にちゃんと敬愛をしましょうとか。やっぱりそういう制服を着て、活動しているときに、優先座席にもし座っていたりしたら、当然かわりますし。そんなので、自然としみついていくのはあるかもしれないです。

　それこそ、やっぱり経験ってすごい大きいインパクトだと思うんですよね、被災地を見るとか、病院回るとか。だから、そういう意味では、子供のときに経験しているというのは絶対大きなすり込み、やっていない人よりは間違いなくあると思います。

【小野】　　　ありがとうございました。

A社座談会　45－54歳グループ
平成 29 年 11 月 24 日

【田中】　進め方なんですけど、最初に、社会貢献やボランティアに関心があるかとか、あるいは、経験したことがあるか、どのようにその場合は探したのかとか、あるいは、やっていない場合には、その理由はとか、このあたりを、自己紹介をした上で、皆さん、一巡で最初、回していけたらなと思うんですけれども、じゃあ A45-A さんからお願いできますでしょうか。

【A45-A】　A45-A といいます。中途採用で入っています。今は□□部で、部全体のとりまとめをやるチーム長です。

　僕自身は、社会貢献云々の前に、やっぱり企業人としては、世の中に貢献して、その貢献した対価をいただくという仕組みというのが必要なのかなと。ボランティアというのもいいんですけど、やっぱり価値を与えて、それに対して対価をいただくというのが、60 になっても、70 になっても、そういうことができればなと思っています。だから、社会貢献活動に興味がありますか、ありませんかといったら、別に興味がないわけじゃないんですけれども、やっぱりそれなりの対価をいただくという前提でやると。

【田中】　あと責任が伴いますものね。対価をもらっているので。

【A45-A】　そうです。やっぱりそれが自分のモチベーションになりますしね。というふうに思っています。

【小野】　キャリアや仕事で身につけたものの延長線上にそういう社会貢献というか、そういうものがあるという認識でいいですか。

【A45-A】　そうです。あと自分の今の経験だけじゃなくて、自分の興味があるもの。例えば僕なんかだと、資産運用とかね、例えば相続とか、あとは株の運用だとか、年金とか。ああいう関連で世の中の役に立つようなことをしたいなと思っていて、そっち系の勉強をしたり。興味がある方向に自分の知恵をつけていって、ゆくゆくは、60 歳ぐらいになったら、それを発揮して、退職した後はそういうので人様のお役に立てるようにしていけたらいいなって、一応思っています。

【田中】　成年後見人なんて、そういう知識がある程度必要なんですよね。運用面はないですけどね。

【A45-A】　そうかもしれないですね。だから、今は会社が雇ってくれているので、それなりに仕事をあてがってくれていますけど、60 とか 65 になったらそうはいかないわけですね。それでも社会に求められる人になるためには、やっぱりそれなりの準備が必要なんです。

【小野】　会社をやめても働くという感じですか。

【A45-A】　僕はだから、そう、テレビ見る人にはなれないと思うんです。ずーっと何か一生仕事していたいし、どこかで。

【田中】　ありがとうございます。では、A45-B さんですか。

【A45-B】　□□部におります A45-B と申します。

　自分がこの会議にちょっと出たいなと思ったのは、大きくは 2 つ、全然違う切り口がありまして。1 つは資源の投資というと、ややもすると環境破壊を伴うというようなものもあって。

　こういった資源ビジネスであったり、うちの会社のインフラビジネスとかというのが、ある地域を徹底的に豊かにしていくためになにかできないのか。そう簡単にはできない話なんですが、そういった観点をもっているというのがあります。

　もう 1 つは、2011 年の東北復興支援、当社の活動があったので、あれに出ました。たったの 4 日間ぐらいの活動ではあったんですけど、ああいうときにはもう、人間として何か自分が役に立てるのかどうかなという思いを初めてもちました。私はボランティアとかいうものをやったことがなくて、あれに出たときに、自分なりに引き出しができたというか、思うところが幾つかあって。

　ちょっと両極端ですけれども、自分の頭の中では、将来、自分が時間をたっぷり持てるようになったときに、どういう身の置き方ができるかというときに、こういう大きく、全く違うアプローチの考え方というのが、自分がやれること、やれないこと、さっきA45-A さんがおっしゃられたとおり、やりたいと思っても、会社が「支えてくれている」時にしかできないこと、自分の、時間の使い方であったり、自分の気持ちの置きどころであったり、これからの十何年の間に整理をしていきたいなと。

　最後ちょっと、1 つだけ。実際に 63、4 くらいですかね、うちの OB の方で、会社を完全にやめた後、今、大学に行き直していて、日本史を勉強していると。なぜですかといったら、それは直近の話で、2020 年のオリンピックのときに、ボランティアの通訳をやりたいと。そのときに、日本の歴史ぐらい知っておかなかったらちょっと恥ずかしいよねということで、もう一回学び直している。

【田中】　入学したんですか。

【A45-B】　今ですね、何というんですか、聴講生、あるんですよね。ああいうのに出て、何かそうすると、おじさん仲間もいっぱいできるらしくて。若い人も、たまーには飲みに一緒に行ってくれる人もいるんだとかって喜んでいましたけど。そういうような方のお話を伺っても、自分なりの刺激をちょっと受けたものですから。

【田中】　じゃあ次に、A45-Cさんお願いします。

【A45-C】　A45-Cです。今、□□部に所属しています。

　私は何がやりたいのかなと考え始めまして、やりがいあるものじゃないと続かないと思いますし、完全なボランティアというのも、今までやったことあるんですけど、全くゼロ円の対価でやるというので、やっぱりすごくつらかったりすると、なんで参加したんだろうと思ってしまったりするし、交通費ぐらいせめて欲しかったなとか、そういうような気持になったこともあって。じゃあ、何をしたいかなと。

　私、趣味で□□語を習っているんですけど、しゃべるというのがちょっとまだ苦手なので、今それを一生懸命、通訳できるように、将来に向けて勉強しているんですけども、一緒に勉強している友達が、東京都のおもてなしのまちかどボランティア、通訳をやっているんですね。それもほんとうに、炎天下ずっと立っていて、自分から声をかけないと聞いてくる人もいないし、そこで実績をある程度挙げないと、次のオリンピックに募集しても、何か今までの経験を考慮されちゃうからというので。とにかく国際マラソンとかの通訳は、中国語とか、英語とか倍率が高くて、全然なれないんですって。リタイアされた、駐在されていたような、ペラペラの方がいっぱいいて、そういう方が、時間もあるからやりたいといって、そちら優先されちゃうので、もう全然、A45-Cさんなんか絶対なれないよと言われて、だから、やりたいんですけど、実態が伴わないというか。

【田中】　ちなみに、交通費も全く出なかった無償のボランティアは、具体的に……。

【A45-C】　それはですね、私、高校時代からお茶をやっていまして、日本の文化にすごく興味があって、お花とか着付けとか、いろいろ学校に通ったりして。お茶の先生のおてつだいで、ちょっとボランティアで教えたりしたんですけど、着物着て、汗だくになって、無償で奉仕するという感じだったので、もうこれで何も、お弁当も出ないし、交通費も出ないし、汗だくになって、ほんとの正絹の着物を着ていったので、ここら辺の銀の刺繍が緑色に変色しちゃったりして、悲惨な思いをしてしまって。そうなると、やっぱりボランティアじゃなくて、ある程度、対価をいただいた社会貢献活動というのに行きたいなと思うんですね。

　アメリカとかは、社会奉仕活動とかが普及しているんですか、実態はわからないんですけど、私も小学校とかでもボランティアでどこか行った記憶がないので。日本の教育自体に、社会貢献活動というものがあまり重視されていないせいで、無償で働くということに抵抗があるのかなって、ちょっとこのアンケートを書いていて、自分でそう思いました。

【田中】　それでは次に、A45-Dさん。

【A45-D】　□□部のA45-Dといいます。ボランティアと社会貢献活動というものには興味がありまして、今回こちらに来ました。きっかけといいますか、実際に触れているというのは、うちの子供が今、中学生でおります。子供がちょうど小学校のときにXX国に駐在になりました。その間、娘はアメリカンスクールに行かせておりまして、やっぱりそういうところは社会貢献、ボランティア、非常に盛んで、親も積極的に手伝うということが多かったんです。

　何でこんなにというのがあって、今さっきA45-AさんもA45-Cさんもお話あったんですけど、私もボランティアって、ただでやるのはどうかみたいなのもあったんですけど、彼らの社会観って何か違いますよね、全く。ちゃんとしている人はこういうことをやるんだみたいな。すごくその社会観であり、宗教から来ているんだとは思うんですけれども、そこはすごく違うなということに触れて、あっというふうに思ったことはあります。今、子供にも、そういうような形で考えてやってほしいということで、日本に帰ってきてからも何度か、先ほどあったような通訳の、外国人の方が□□神社に来て、□□神社の中を説明するとか、学校のがありまして、そういうのに行ってもらう手伝いをしたりしています。

　ただ、じゃあ自分自身、社会貢献活動を今やっているかというと、やっていなくて。何でかというと、やっぱり自分の時間が100あるうちの結構な割合が今、働き盛りというんですかね、相当な数が会社に来ていて、7割5分ぐらい来ているんじゃないかという感じがしていて、残りのところが、頑張って家族。ここからもう一個、社会的なかかわりをつくろうとすると、結構頑張らないと、それこそ働き方の改革をして、つくった時間とかでやらないとできないなというふうには、今思っていて。

【小野】　何歳ぐらいから時間の余裕が出てくるなというふうに思う感じですか

【A45-D】　どうなんでしょう。今は何か忙しいんで、ちょっと……。すごい忙しいなって。どうなんでしょう。50？

【小野】　比較的このくらいの年齢ぐらいから、次の自分の定年後の人生とか、また違う人生のことを、ふつふつと考えたりするようになってくるという感じですかね。どのくらいがターニングポイントの年齢なのかなーとかっていうのもちょっと考えたりはするんですけど、要はそういうタイミングで研修を入れたりとか、こういう支援を入れたりすると、その後のキャリアがふわっと上がるような、いいタイミングってあるじゃないですか。

【A45-A】　45とか。

【A45-D】　そこら辺かもしれない。

【A45-A】　仕事があるうちのほうが、いろいろ工夫もうするし、いろいろなアイデアも浮かびます。ぱたっと暇になったら、さあと考えたときに、アイデアも浮かんでこないし。

【田中】　じゃあ、A45-Dさんの後が、A45-Eさんでよろしいですか。

【A45-E】　A45-Eと申します。ボランティアの経験なんですけれども、20代半ばで、NGOを通してXX国に、アルミ缶の回収で寄附した寺子屋の見学、スタディーツアーなんですけれども、参加させてもらったり、あと20代から40代の前半まで、クリスチャンの端くれで、教会活動でいろいろ、体の不自由な方のプール介助とか、手伝ったりとか、あと教会に来ているミッションスクールの子供たちに、聖書に出てくる食について、例えばパンとか、食材の話をして実際、料理を一緒につくりました。

　また、A社の東日本の活動の際に、イチゴ農家の清掃活動や、あとは電話のボランティアの人たちの交通整理とかを事務所でしたり、経験させてもらいました。その後に、熊本地震を通して、改めて、復興には時間がかかるなというのを目の当たりにしまして、退職後は何か地元で活動できたらいいなと思っているところで、いろいろお話を伺えたらと思って、楽しみにしてまいりました。

【田中】　ちなみに、このスタディーツアーに行かれたときは休暇を取られて行かれたんですか。

【A45-E】　そうです。それはもう、ボランティア休暇を使って。

【田中】　この宮城の活動は、これはA社でアレンジしたものですね。これ、どうやって行ったんですか。バスか何かで？

【A45-A】　いえ、ワンクールが4人か5人くらいのチームで。それをずーっと続けて、継続して交代していくんです、どんどん。与えられている役割というのは2種類。いわゆる肉体労働系と、さっきの電話とか、いろいろなのの調整ですけど、2種類あって、そっちが1人、事務系が1人か2人で、結構、掃除だとか、いろいろああいうのが3、4人くらいですかね。それがワングループで、どんどん交代していくという。

【小野】　なるほど。1つの何かのプロジェクトで、4、5人が常にぐるぐる回しながら、ずっとやっていくという。

【A45-D】　結構ウェーティングというか、やりたい人ががーっといっぱいいたので。適当に順番を割り振られて、全く知らない人と一緒に行くような感じ。

【A45-E】　そうですね。

【小野】　ちなみに、いつぐらいの時期に。

【A45-D】　私はちょっと遅くて、あれが3月11だったんですけど、私はちょうど半年後ぐらいですね、9月になるかな。

【A45-E】　私は8月のお盆のときに。

【A45-A】　始まったのが7月とかね、その辺。会社がほとんど負担していたんですね。

【A45-E】　全部、宿泊費から。

【A45-A】　だから行きやすいですよね。

【A45-E】　そうなんです。上司の許可も、やっぱり会社を通してだったので行きやすかったですし。

【田中】　多分、ほかの社外のそういう受け入れだったら、ちょっと何か、また違ったかもしれないですね。

【A45-A】　自腹でとか、相当自己負担もあるでしょうしね。そういう意味でいうと、会社のそういうバックアップってやっぱりありがたい。

【A45-E】　そうなんです。熊本のときも何かあるのかって聞いたら、やっぱり場所が遠いというのもあって。だから、寄附だけ、募金だけですよね、きっと。

【A45-A】　でも東日本って、何でそんな大掛かりにやれたんですかね。

【CSR】　当時僕はそこにいませんでしたけど、記録を読むと、全社を挙げて、これ何かやらないといけないよねという、そういう合意形成がやっぱりできていますよね。その中でやっぱりボランティアという話も出ていて、人事部とかも入って、ボランティア活動どう進めていったらいいか、最終的には当時の社長まで了解を得て。

　人事はやっぱり、ボランティアで出かけていったときに、それを業務扱いにするかとか、災害に巻き込まれたときの手当をどうするかとか、いろいろそ

ういう細かな点にまで考えてやっていたんで、ほかの会社に比べると、ちょっとタイムラグはあったみたいですよね。5月か6月ぐらいになってからですね、始まったのは。だけどかなり、慎重は期しましたけど、そういう会社全体としての動きをまとめることができたので、あれだけの大きな動き、延べ人数ですけど160名という、たしか記録だったと思います。

【田中】　じゃあ、すいません、お待たせしました、A45-Fさん。

【A45-F】　ボランティアという意味では、休みをとってボランティアに行ったのは2回。1回は、さっきおっしゃっていたA社の東北の活動。それはもう7月、8月ぐらいだったんじゃないかと思いますけど、その前に、まだ新幹線が通じていなかったときに、夜行バスでやっぱり仙台に行って、1週間ほど。キリスト教の礼拝堂に。要は宿がないので、礼拝堂に泊まるということで。

【田中】　1週間。

【A45-F】　仙台って、意外とキリスト教の教会が結構あって、当時、宿はみんなもう、退避している人たちでホテルはいっぱいですから、そのときに、たまたま自分の両親が所属している□□というのがあるんですけど、その関係で、礼拝堂なら泊まれるということがあったので、寝袋持って1週間。

帰ってきて、当時、僕の同期がCSRのほうにいて、それでどうだったのと言われて、いや、こうこうだったよという話をしていたら、しばらくしたら会社でもやるという話になって、じゃあそれで行きましょうということで行きました。

【田中】　じゃあ、確認なんですけど、A社で行かれたときもボランティア休暇、自分で寝袋を持って仙台1週間もボランティア休暇。

【CSR】　5営業日です。今のボランティア休暇で言うと、営業日はだから5営業日です。ただ、3.11のボランティアはちょっと特別立法で対応したんじゃないかと思いますね。

【A45-F】　その後、広島の水害のときとかね、行こうとしても、じゃあ、実際に1週間とか3日とか、そういうのでなかなか行きづらいんですね。自腹かどうかというのは、あまり気にはしないので。それは気にしないですけど、なかなか時間が、そういうまとまって1週間とか、3日でも4日でも。

【田中】　そうですね。

【A45-F】　ここはやっぱり、こういう災害のやつで行くというのは難しいかなという、在職中はそう思います。一方で、そこまでじゃなくても、日曜日に行けるようなものもないわけじゃないので、何

日間もというわけじゃなくて、例えばクリスマスのときに、教会ある地区にお弁当を持っていきますとかというので、弁当はつくれないけれども、車で持っていくのはできるよねということで、じゃあ持っていきまーすといって手伝って。それが何かボランティアというか、社会貢献というのか、ちょっとよくわからないですけど。

なかなかまとまった時間をとってやっていくというのは、在職中は難しいのかなという感じはしますけど、何のかんのとそういう中で知り合いができてくると、退職後テレビを見続けずに済むのかなというふうには思っています。

【小野】　寝袋を持っていったとおっしゃっていますけど、こういう活動に初めてじゃなかったんですか。

【A45-F】　初めてです。

【小野】　何かなれていらっしゃるのかと。両親はクリスチャンでいらっしゃる。

【A45-F】　そう。

【小野】　そうすると、子供のころから普通に、そういう活動が身近にあったということですかね。

【A45-F】　そこまででもないんですよね。そんなに身近に何か奉仕活動をというのをやっていたわけではないんです。大学生のとき、僕、コーラスやってたんで、どちらかというと、保育園のところに、じゃあクリスマスソングをみんなで歌いに行きましょうみたいなね。だけど別に、これがボランティア活動だとか、社会貢献だとか思いながらやったわけではない。

【小野】　だけど私から見ると、しっかりやっていると思います。だからすごく自然に入っちゃっているんじゃないですか。

【A45-F】　そうかもしれないですね。

【小野】　定年退職した後、そんなに困らないじゃないかなというのは、先ほどおっしゃったように、何かしら、そういう一緒にやる友人というか、知り合いというのが、ぱっと考えたら思い浮かぶという感じですか。

【A45-F】　そうですね。うちのOBの人なんかの話を聞いていても、例えば、XX国に駐在していたOBの人は、やっぱりXX国に行って、JICAでやられたり。あとは勉強して、裁判所の調停員をやっていますとかいう人もいらっしゃったりするから、それぞれ、どこまで金銭的なサポートがあるかどうかは別にして、皆さん、ある程度のことをおやりになられているんじゃないのかなというのは思ってはいるんですけど。

【田中】　でも多分、そういうモデルがあるとか、

—93—

知り合いがいるって、すごく大きいと思うんです。そうでないと、ほんとに、どこに探していいかわからないですものね。

【A45-F】　やっぱり要は、何というかな、延々とコミットしないといけないようなのはちょっとどうなのという気もするし、あとは、変な意味、NPOってどういう思想なんだろうというのは、活動のホームページを見てもわからない。

【田中】　そうですよね。

【A45-F】　だから、いやいや、これって変な話、何か政治と絡んでるのとかだったら嫌だし、見て、どんなのかなというところはあって、やっぱりナレッジを有効利用と言われるけど、定年になったらもう、それよりも肉体労働系のほうが何かいいかな。

【田中】　でも、おっしゃるとおり、運営に絡めば、ある程度のまとまった時間ですとか責任の重さは、運営に絡むほど大きくはなりますね。だけどその分、やりがいがあるという方もいらっしゃいますね。

【A45-A】　今、キリスト教のお話が出たんですけど、お2人ともキリスト教のベースがあるから、あとA45-D君もそうだね。

【A45-D】　ああ、僕は違う、子供がそういうところで、そういう思いもしたし。

【A45-A】　だから奉仕するのは当然だみたいな価値観をお持ちでいらっしゃって、一方で僕なんか、宗教とは全く無縁の世界で、ボランティアとか全く頭になくて、むしろ報酬もらうみたいな感じで思ってて、だから、あれですよね、ボランティアという世界に踏み入れるためには多分、発想の転換というか、そういう教育なのかわからないですけど、多分、僕の価値観はなかなか変わらないと思うんですよ。お2人は、生まれたときから多分そういう環境にいらっしゃるから、いや、もう当然でしょうという感覚をお持ちだとは思うんです。だから、どっちの方向に向けるかですけど、ボランティアという世界、ボランティアなのか、知的労働のほうなのか、あれですけど、多分発想を転換するための何かきっかけが必要なんでしょうね。それが多分、東日本大震災とかはそういうきっかけだったのかもしれませんね。

【田中】　行かれて、何か変わったとおっしゃったりしていましたね。

【A45-A】　何となくでも後ろめたさというか、やっぱりちょっと感じている自分もいて、あれなんですよね。だからそう思わなくても、堂々と対価をいただくというふうに言えるようなものにしていくことが必要なのかもとは思ったんですけどね。

【小野】　例えばでも、対価とおっしゃっていますが、今ここで働くぐらいの給料をもらうというわけではなくて、例えば、NGOとかで海外に、お医者さんとかで行かれている方も、ふだん日本で働いてもらうお医者さんの給料とは違って、もう全然安く海外に派遣されて、途上国の医療とかをやっていらっしゃる方がいるじゃないですか。でも対価はもらっているんですね。そういうのはどう考えますか。

【A45-A】　いや、いいと思いますよ。別に僕は、何というんですか、別に、100円でも500円でもいいんですけど、やっぱり自分がいい成果を出したら、500円が1,000円になったねとかいう方が、モチベーションになるし、人の役に立ちさかげんがわかる。

【小野】　なるほど。じゃあ、その質問に絡んでA45-Cさんに、汗だくになって、着物もちゃんと着たのに、緑色になっちゃって、それで実質ちょっとがっかりしたという話なんですけど、仮にですよ、お茶会で先生が、もうA45-Cさん、ほんとによくやってくれたと。これでみんな来てくれた人たちも、とっても満足してくれて、やっぱりあなたのこの貢献がとっても大事だったのって、一言あったらどうですか。

【A45-C】　かなり違っていたと思います。後味が。後味というか感想か。

【小野】　つまりね、リターンで求めるものは何かといったときに、ほんとに欲しいのは、お金というよりも、そこで自分がどういう納得するとか、感謝されるとか、お金以外にも付随している何かというのがありませんか。今の話、お2人の話を聞いていると。

【A45-C】　それがなかなか、相手の反応とかが得られないと、じゃあ次に対価という、何もお金も、お昼も出なかったしとかになっちゃうんですね。今みたいに感謝の言葉とか、もうすごいよかったとか、すごく感動したとか、何かそういうのを感じたら、そこで少しは報われた感じもするのかもしれないなと思うんですけど。

【A45-A】　僕はやっぱり役に立っている感だと。だから、お金というのが正直、言ったんですけど、1,000円とか500円とか言いましたけど、やっぱり人のためになっているなというのがフィードバックしていないと、何のためにやっているのかという感じは。

【田中】　皆さんは、こういう分野にご関心を基本お持ちになっていらっしゃる方だということはよくわかたので、少し具体の要望について、それぞれ伺ってみたいなと思うのですが、今既に、信用できる寄附先を紹介してほしいという提案がありま

したけれども、社会貢献活動を、皆さんがもうちょっとしていくには、会社でどんなことをしてくれたらいのか。例えば、さっき働き方改革で、時間をもっと短くしてほしいとか、あるいは、もうちょっとカウンセリングをするとか、あるいはボランティア先で信用できるところのメニューを提示してくれとか、いろいろ出てくると思うんですけれども、そのあたりを思いつくままにで結構なので、教えていただければなと思うんです。いかがでしょうか。

【A45-F】　選択肢の中にもあったんですけど、NPOとか、ほんと信用できるところ、そういうのを紹介してくれるというか、スクリーニングをかけてくれるというのがあれば参加しやすいかなとは思います。正直、多分週末ぐらいしか今はできないでしょうから。

多分、退職しても、平日はゴルフをやって、土日はボランティア活動というパターンにだんだんなるでしょうか。ただ、ものすごく定期的にばしっとやるのはしんどいんだろうなという感じはしますね。

【田中】　ちなみに、お仕事の種類は、仕事の延長がいいか、全然違うのがいいか。

【A45-F】　全然違うほうがいいですね。

【田中】　どうしてですか。

【A45-F】　いや、もういいでしょう。40年ぐらいこの仕事やっているわけですよ。もう卒業って言われているじゃないですか。卒業して、またこんな仕事やるのといったら……。

【小野】　デスクワークじゃなくて外のほうがいいですか。

【A45-F】　全然違うほうがいい。外のほうが。体を動かすとか。いや、デスクワークはもう勘弁してください。

【小野】　マネジメントとかも勘弁してほしい？

【A45-F】　いや、それはもういいでしょう。卒業でいいんじゃないかなという。

【田中】　そうか、おもしろい。一番必要とされているところなんです。では、A45-Eさん。

【A45-E】　私もそうですね、社内でNPOを、いいところを紹介していただいたりとか、あと、サークル活動で、そういったところに組み込んでいるのがあらかじめあったとして、そこに、何かこう、皆さん都合のいいときに、誰でも行けるような制度があったら。いろいろな人がボランティアというのを経験できて。やっぱり会社を通してだと、皆さんすごく参加しやすいんじゃないかなと思うので。そういうのが1つでもあったらいいのかなと思います。やはり、現在は結構もう月金で、かなり体力的

にも大変なので、1カ月に1回出れたらいいほうかなという感じですかね。でも出れる範囲で。そういうときは、もし出たいと思ったら、ボランティア休暇制度とか、プレミアムフライデーとか、すごく当社はそういうところが充実しているので、それをまた、そのときに使えたらいいんじゃないかなと思っています。

【小野】　NPOとかNGOを紹介するときに、どういう紹介をすれば、琴線に触れるというか、どういうふうに紹介していけばいいのかなということなんですが。何かジャンルが分かれていたほうがいい？

【A45-E】　そうですね、ジャンルは分かれていたほうがいいと思います。

【田中】　ジャンルって、そういう場合あれですか、環境とか、文化とか、教育とか。

【A45-E】　そうですね、まずはその皆さんの得意分野を生かしたところがあればいいので、いろいろなジャンルがあったほうが、選択肢が。私自身で言うと、すごく食に興味があるので、何かそういう食を通して……。

【田中】　食。料理？

【A45-E】　何かやはり、食べるということは多分、皆さん同じことなので。いかに楽しく食べるかとか、あとやっぱり、そうですね、ほんとに食さえもらえないような国の人たちのこと、特に当社だったらいろいろな国と関連があると思うので、そういう切り口の何か。

【小野】　子供食堂とかフードバンクとか、そういうのですか。

【A45-C】　ちょうど今、子供食堂、私すごいやりたいなと思ってて。料理が得意じゃないんですけど、そういうのをやりたいなって。

【田中】　貧困対策の1つでもあるんですね。

【A45-C】　子供の貧困と言われている。

【田中】　フードバンクとかも、そうやって集めて、パッケージングして、そういうご家庭とかにあげて。

【小野】　子供食堂とかフードバンクの活動が、都内で、こういうところであるよというのを、例えばこの会社が、ここと提携するよとかいったら行かれます？

【A45-E】　行きます。行きたいですね。

【A45-C】　行きたい。

【小野】　例えばこういうNPO、NGOとかの活動の説明会というか、NPO、NGOって何だよとか、ボランティアとか、社会貢献活動ってこういうのだよというのを、例えば何か、講習会みたいなのを、

会社で研修会みたいなのをやったら聞きに来たりはされますか。

【A45-E】　はい。

【A45-C】　うん。したいですね。

【A45-A】　来るんじゃない？　すごい。

【A45-F】　ええ、行くと思う。

【田中】　じゃあ、次にA45-Dさん。

【A45-D】　はい。そうですね、会社から紹介されるのは非常にいいと思いますし、私があとマルつけたのは、創業記念日とかに、やっぱり活動に参加するみたいな、何か1つあるといいなとは思っていました。今はやっぱり週1できるかな、月1かなと思います。やっぱり卒業した後は、私はコミットメントしていいんじゃないかなと思っているんですけど、自己評価と社会からの評価は結構ギャップがあるんじゃないかと思っていて。

【田中】　アセスメントで自分は何ができるか。

【A45-D】　自分の、会社では他面観察やって、結構ドキッとしてとかもあったりとかしますから、何となく、そことの、社会で求められるというか、NPO、NGOで求められるものと、我々のできると思っているところのギャップをどうするかというのを、何かうまくプログラムがあると、すごくいい。それを例えば何年かかけて、我々がやっていくといいんじゃないかなというふうには思いました。結構できると思って、多分できないんじゃないかとか、俺はマネージできると思いながらも、意外と面倒くさい人になっちゃったり。

【田中】　自分の能力ほど自己評価できないものはないですよね。ありがとうございます。では、A45-Cさん。

【A45-C】　大体、皆さんと同じように、会社のイントラとかで、こういうボランティアありますとか、そういうお知らせとか出るといいと、同じようなことを思っています。それで、皆さん自己啓発していて、いろいろな特技を持っていて、ワインソムリエの資格持っていたり、何かの師範だったりとか。A社は、お客様、外人の方も多いですから、おもてなしクラブみたいに、自分の特技を登録しておいて、需要があると聞いたら、この人いるから派遣するというような。

【田中】　仲介。さすが。

【A45-C】　皆さんほんとに、自分のお金、自分の時間をかけて、優秀な特技のある人、特に女性は多いので、利用したらどうかなと思って。社内だけじゃなくて、社外にも飛び出していくような機会が増えたらいいんじゃないかなと思います。

【田中】　わかりました。会社の、さっきお知らせというのは共通しているんですけど、1つだけ、創業記念日を参加の機会にという提案ですけど。

【A45-D】　海外ではやっていましたよね。僕、XX国にいたとき、ボランティア募って、たしか車椅子でしか動けないお子さんたちを水族館に連れていくというのを。

【田中】　会社としてやっていた？

【A45-D】　会社としてそういうのがあるんだけどといって、かなりの人が手を挙げて行ったのがあったように思いましたね。半日とか会社が休みになったんじゃないか、その人たちは仕事抜けていいですよというふうになったのか。そういうので楽しかったなというのがあると、今度は本当の意味でのボランティアとか、そういうのに自発的につながっていくのかもしれないけど、なかなかそういうきっかけがないというのもあるんじゃないかと思いますね。

【田中】　きっかけですね。わかりました。じゃあ、次にA45-Bさん。

【A45-B】　自分がリタイアした後にやることというのは、例えば災害か何かあったときに、それの援助が何かできるかなというスポット的なものと、それからルーチンで、週に1回なのか、月2回なのかは、なってみないとわからないですけど、そこは自分の中では、子供の教育という、さっきの子供食堂というのがぴたっとくるかどうかはわからないですけど、やっぱり子供に対する、何か自分が役割がないかなというのはおぼろげに思っているんです。

　じゃあ、現役の間に何ができますかといったら、スポット的に対応するしか、やっぱり現実的にはできないだろうと思っていて。会社の中で、例えば東北の大震災のときのような、あれほど大がかりじゃなくていいんで、ああいうのを習慣づけていく、例えば何か、熊本でもいいですし、広島でもよかったんですけど、ああいうのに対して、小じんまりでも、やっぱり会社としてこういう支援をしていくのは、継続してやっていきましょうよ。ブームだみたいな話ではなくて、A社という会社がそういうものに対して、多くの人がだんだんそういうのに触れていくと、意識はやっぱり高まっていくし、それが例えば1年、2年、3年続いていくと初めて次のステップにいく、3年、4年ぐらいたっていったときに、それが実ビジネスになっていくとか、もしくはセンスとして、冒頭申し上げた、海外での投資活動に、そういったセンスが入ってくる。そういったものを地道に続けていくことで、それに触れる人数がどんどんふえていくというのが、1つソリューションなの

かなと、今日ちょっと、皆さんのお話を聞いていて思いました。なので、会社がそういうスクリーニングとかをかけて、大がかりなものでなく、もうちょっと些細なところまでも、日常的に行われるボランティア活動がいい。当初は同じ人がずっと行っちゃったりするのかもしれませんが、それも 1 つのプロセスとしてやっていくというのは 1 つあるかなと。

【田中】　今、新しいポイントを加えてくださったんですけど、こういうソーシャルな活動にかかわることによって、そこでいろいろなセンスが築かれて、人材育成にも資するんだというところですね。

【A45-B】　ええ、そういうのは間違いないと思っています。ポイントは、それが 1 年や 2 年で答えを出そうと思うと、ずっこけるなと思うんですよ。だから最初はほんの 3、40 人しかかかわれなかったとしても、それを 100 人にしていくには結構な年月がかかったとしても、それは会社として、十分、人材育成でもあり、企業の文化をちゃんと体現するとか、体感するためのコストであるならば、あんまり惜しむ必要はないんじゃないかなという気がします。

【田中】　なるほど。そうですね、意外に環境系なんかは、もしかしてビジネスになるものもあるかもしれない。

【A45-B】　そうですね。それを目的にしちゃうと、またおかしなことになりますけど、そういうものが出てくると、多分、玉が前へ転がっていくイメージになっていくんじゃないかという気がします。

【田中】　では最後に A45-A さん、お願いします。

【A45-A】　結局企業って、営利団体ですよね。営利団体が社会貢献を論ずるとはなにかといったら、やっぱり稼いだお金を社会に還元するということだと思うんです。あとは社員の意識の中で、自分たちは社会にいる企業市民として、やっぱりそういう社会に貢献する責務があるんですよということを、一人一人がちゃんと理解をする。というのは、それは僕らぐらいの年代になってくると、経営理念だとか何とかというのは、何となく頭に入ってきますけども、やっぱり若手の人には、ちょっと遠い世界だったりするので。だから、そういう企業の社会的使命ということをほんとに語り込んで、それが多分研修とかでしょうけど、きちんと教え込むプロセスというのは必要だろうなと。

そういう意味で、さっき A45-B さんがおっしゃった、ボランティアを人材育成の一環だとおっしゃられたので、僕が思ったのは、人事研修の中にボラ

ンティアを入れ込んでいくというのもは 1 つあるかなとは思いました。

ということで、一企業人として、社会に貢献すべきであるという価値観を一人一人が身につけていくプロセスというのを作る。それはやっぱり教育の場なのかなと思う。困っている人には手を差し伸べましょうとか、当たり前に思っていることが、特に若い人に対して、そういうことを教え込むというプロセスが多分必要なんだろうなと。

だから、ほんと常日ごろ思っているのは、教育というのは、教え込むプロセスというのを、メンタリティーの部分というか、心のありようというか、それを教えるプログラムがなかなかないんですよ。商社マンとしてのあり方、人も幸せになっていただいて、自分も幸せになるんだよみたいなことをちゃんと教えるということは、なかなかできていないような気がするので。

【田中】　教えるの難しいですよね。

【A45-A】　でもやるべきだと思うんですね。

【田中】　何かアクションで学んでしまったほうがいいかもしれない。

【A45-F】　これはあんまり期待しないほうがいいんですよ。急に人数がばーっとふえることなんてなくて、こんなのは自分が思わなかったらやらないです。人にやらされてなるもんじゃないんです。だから、そういうきっかけがあって、気持ちの中にそういうものが芽生えるかどうかという、さっきおっしゃったきっかけを与えるというところまでしかできないはずです。

【小野】　もうたくさんお話聞かせていただいたので、きょうのこういう、まだ年齢別で、いろいろ聞くんですけれども、伺ったことを、今度はアンケート調査にして、皆さんが答えられるものをつくろうと思います。

【田中】　ありがとうございました。

A社座談会　55歳以上（男性）グループ
平成 29 年 12 月 20 日

【田中】　まず、ボランティア活動など社会貢献活動にご関心があるかどうかとか、あるいは経験をしたことがあるかとかというところで。少しご自分のお仕事と、自己紹介をしながらお話しいただければと思います。

【A55m-A】　簡単に。今、□□部というところにいます。XX 国の□□に駐在しておりました。社会貢献活動に興味は非常にあります。

僕自身はやっぱり地域にどうやって溶け込むかということがあって、その 1 つのきっかけなんですけれども、私会社に入ってから武道をやり出しまして、会社の中の部活動、ここに師範に来ていただいてずっと稽古をしていたと。XX 国に行く前は、まだ黒帯でも何でもなかったんですけれども、行って、ぜひ継続してやりたいというので、向こうの全くど素人を集めて、活動を開始したのが 92 年。

【田中】　じゃあお稽古というか、教えた？

【A55m-A】　そういうことですね。それで、95年に正式に NGO を立ち上げまして。

【田中】　NGO を立ち上げたんですか。

【A55m-A】　まあ、もう簡単なんですよ、ペーパーだけの話なんだけれども。で、そこまでに師範に何回か来てもらって、メンバー集めながらやり出したというので、この 2 年前に 20 周年を迎えたんですけれども、23 年間ずっと、駐在から帰ってきてからも毎年行って、指導してやっておりまして。で、うちの会社の非常にいいところで、ボランティア休暇制度があります。ずっと使わせていただいています。

【小野】　年に何日ぐらい？

【A55m-A】　毎年 9 月の 1 週間を使って。休暇の間は 4 日間ですけれどもね。ですから、1 週間丸々XX 国に。そういう意味では、活動を通じて地域の皆さんと相当交流できたし、メンバーの中にお医者さんも弁護士も、市長関係もいますし。

【田中】　じゃあ、もう地域で、A55m-A さんって有名なんじゃないですか。ご存じの方、結構いらっしゃるんじゃないですか。

【A55m-A】　まあ、過去にテレビに出たりとか、ラジオに出たりとか。A 社ということでやっているわけでは全くなく、毎年行っているのもボランティアですから、自費で行って、向こうの設営等々、道場の設営費用がかかりますけれども、これも自分、ある程度出させていただいて。ようやく、20 年になるわけですけれども、その当時高校生だったメンバーが、子供さん連れて道場に来るわけですよ。もうかわいいのがちょこちょこちょこちょことね。もうこれはね、ほんとう喜び。

つい先週も XX 国のメンバーが来ていたんですけれども、日本に来て、稽古を一緒にして、そういう中で当然日本の皆さんとの交流もできるし、文化にも触れるし。僕らの稽古したメンバーが、XX 国にも、いろんな国に、彼らは職を探しながら海外に行くという人も結構いるので。そういう意味では、僕は胴着を持って、そこそこに行って稽古して、あっちへ行って稽古してとかね、そういうことができるという。

【小野】　運営費というのは、レッスン費か何かをもらって回しているようなんですか。それとも、何かどこかから助成金をもらったりとか。

【A55m-A】　いえ、向こうでやっているのは、いわゆる場所を借りて、日本みたいに畳とかありませんから、クッションを買ってきて、そこに設営して、そこで稽古して。ただ、設営するのは自分の金だけれども、賃料は要るわけですね。その賃料分を賄うぐらいの月謝を取って。

【小野】　教えに行かれるときとかの渡航費とか、教えるお金はもう自腹？

【A55m-A】　自腹、全て。場合によっては、審査料なんて、滞留債権があったりとかね。

【小野】　すごいですね。

【田中】　しかし、23 年続いたポイントは何ですかね。

【A55m-A】　やっぱりさっきの話ですよ。一緒に稽古したメンバーの、毎年の成長、その子供さんが来たときの。毎年審査終わって、審査に受かるかどうか、まあ僕らが審査するわけですけれども、その受かったときのあの喜びね。飛び上がって喜ぶやつもいるし、特に黒帯締めたらもう。今フェイスブックでやりとりしていますけれども、もうすごい。そういうのを見るのが、非常にありがたいですね、僕らのモチベーションにもなるのでね。

【田中】　じゃあ、この活動はまたずっと続きますね。

【A55m-A】　自分のものじゃなくなっているのでね。そういう意味では、自分の気持ち的にも、毎年そこに行くとエネルギーがもらえる。空港に乗るときまではしんどいんだけれども、現地に着いたらスーパーマンになると。

【小野】　素敵ですね。やっぱりそれがあるのと、ないのとでは、会社での働きとか生産性とか、何かそういうのは変わってくるなと思いますか。

－98－

【A55m-A】　　　それはあると思いますね。稽古する前と後の体の軽さ、目が特によく見えるようになるとかね。血流がすごくよくなりますからね。

【小野】　　　なるほど。

【田中】　　　ありがとうございます。じゃあ、すいません、次はA55m-Bさん。

【A55m-B】　　　私もう実は定年超えていまして、嘱託なんですよ。来年も一応働いてくれと言われていまして。というのは、子供が4人いまして。一番下がまだ大学生で。今の制度だと65までしか働けないんですけれども、それじゃあ足りなくて、もうちょっと働かないといけない。

　私は、東北の□□っていう、イチゴとリンゴが有名なところに2回行きました。1回目は事務職で、2回目はブルーカラーになっていたんですけれども、事務職で何をやるかといったら、いっぱい来るボランティアの方の受け付けと差配、あとグッズの販売、配送みたいなことをやって。

【田中】　　　何でこれに参加しようと思われたんですか。

【A55m-B】　　　もともと地震起こったときに、何かお手伝いしたくて、□□で応募していたんですね。すごいきついんですよ、夜行バスで行って、夜行バスで帰ってきてという話で。どうしようかなと思っていたんですけれども、会社で計画的に派遣することになりまして、交通費全部とそれから宿泊代、全部会社負担でやってくれるのがありまして、それに2回応募したんですね。

【田中】　　　わかりました。では、次にA55m-Cさんでよろしいでしょうか。

【A55m-C】　　　皆さん海外で経験されているんですけれども、私はもうずっと国内なんですけれども、国内はいろいろ転々としています。ただ、50歳で戻ってきたのが、この□□部の前身なんですけれども、帰ってきてからは、私は財界活動ですね、うちのトップがやられるのをサポートするというような仕事をずっとやってきたんですけれども。今から2、3年前だから、55ぐらいからそういった仕事もやりながら、キャリアアドバイザーをやらせてもらっています。

　一方、ボランティア活動の経験といいますと、いわゆるプライベートでやったものと会社の業務の中で社会貢献というんですかね、というのと両方ございまして、だからまあ最初に経験したのがボーイスカウトに入っているときの献金活動ですね。赤い羽根とかね、というのを街頭でやったのがおそらく人生で一番最初の。僕は中学からミッションスクールに入りまして、だからそこでまあ無理やり教会に

行かされたりとか、そういう経験をしていますし、入った学校のモットーがマスタリー・フォア・サービスという、奉仕のための熟達とか伝達と訳するんですけれども、いわゆる社会奉仕というとちょっと単純過ぎるんですけれども、要はそういう社会に貢献できるようになるために自分自身を磨きましょうよと、そういうモットーをもうずっと教え続けられて、特に中学1年生のときからですから、何か洗脳されたみたいなね、ところがありますけれども。

　そういう環境の中で育ってきたということもありまして、その次の経験というのは、友達に誘われて、いわゆる無償で子供たちに勉強を教えるとか、簡単な塾みたいな形で、小学生を集めて勉強を教えると、そういうことをやったのはその次の経験ですね。

　それから、会社に入ってからは、そういうのはあまり全然、仕事も忙しかったですのでそういうボランティア活動なるものは全く関係なかったんですけれども。要は3.11があって、その後にうちのトップが□□の支援をするということを決めましたので、これの立ち上げをやりましたね。これが1年強で、ある程度形ができ上がった段階で、CSR部に引き継いでこられて。

　僕がやったときは、もう創成期でして。上がってきた魚を使う水産加工業を支援しましょうということになって。で、これの支援を1年ぐらいですかね、やったんですけれども。

　一方で、塾で教えたときなんかは、ほんとうにもう足し算引き算掛け算ができないような子供たちを相手にして、家庭も貧しいんですよね、塾に行かせてもらえない人たちなので。そういう子供たちが、一生懸命できないながらも勉強をするし、集まってきて楽しいんですよね。そういう子供たちがちょっとずつでも成長して喜んでくれるというのを見て、こっちもすごい満足感が高いわけですね。こういうのはすごい大事なことじゃないかなと。

　お金の世界の話じゃないところで、人材育成というのはとても重要な、社会的に重要な社会貢献、ボランティア活動じゃないのかなと感じる1つのきっかけになりましたかね。

　それから、会社に入ってから、具体的なボランティア的な活動をしたのは□□なんですけれども、その前に組合の本部役員したときですね。これね、ある種ボランティア活動ですね。

【田中】　　　そうですよね。

【A55m-C】　　　うん、もう困っている従業員の話を聞き、いろんな求めているものを聞き、それをどういうふうにして具体化していこうかなと。何かそ

ういう仕事というのは自分に合っているなという、充実感も高かったですしね。皆さんも喜ばれるわけですし。それも一種のボランティア活動かなとは思いましたし、この仕事は自分に合っているなとは思いました。

それから、今のキャリアアドバイザーというのは、仕事でやっていますけれども、あんまり仕事じゃないですよね、もうボランティア活動ですよ、これ。それはもう場合によったら、自腹切って飲みに連れていって話を聞いたりとかやりますし、お金の問題だけではなくて、彼らがハッピーになるようにサポートしていくというのは、これも 1 つのボランティア活動みたいなものですよね。

だから、これから将来のことを考えた場合に、有償、無償というところは、まだ詳しくちゃんと整理はできていませんけれども、でもやっぱり私も子供がまだ高校生なので、先がまだ長いんですよね。だから、子供がちゃんと独立するまでの間が、まあできれば収入がある形のほうがありがたいとは思いますよね。

で、じゃあ何をやりたいのかというと、やっぱり人の人材の育成だとか、それからそういうキャリアアドバイザー的なことで人の役に立つ、こういう形の仕事が一つ自分に合ったものではないかなと、こういうふうには思っています。

【田中】　ありがとうございました。

【小野】　ちょっと質問していいですか。無料の塾をやっていらしたのは学生の？

【A55m-C】　大学のときですね、大学 3 年生のときですね。

【小野】　キャリアアドバイザーは、やってくださいというふうに任命される感じなんですか。

【A55m-C】　そうですね、組織の中で。

【田中】　結構、人事部よく見ているんですよ。じゃあ、次に A55m-D さん、お願いします。

【A55m-D】　私は主に海外勤務と本社勤務でした。海外は比較的いろいろ行かせていただきました。

そういう意味では、海外に 15 年ぐらいおりましたので、日本にはないいろんな動きというんですかね、日本のように必ずしも全員幸せではないし、いろんな部分で矛盾もありますし、その中でしっかり皆さん頑張って生きられているという苦労も身にしみてわかったつもりではおりますが、日本に帰るとすぱっとそこは忘れてですね、サラリーマンに邁進しているということで。ボランティアを何であんまりやらなかったのかなというと、やっぱり本社で企画なんかをやっていますと、まさに平日はもうバシバシ朝から晩までもう張り詰めた生活で、土日も

かなり情報を収集したりメールに答えたり。ただ、この 2 年ぐらい結構変わってきまして、有給休暇を 14 日もとるなんていう、私にとってみればいまだに体がついていかない。今週 2 日休むんですけれども。それで、やっと今週休んで 14 行くかなみたいな話なんですけれども。去年もそうだったんですよ。この 2 年ぐらい、もう人生変わっちゃった。その前までは、5 日とるのが精いっぱいですよ、3 日とかね、年間。しかも、そのうち 1 日が人間ドッグ。

それに、まあ会社のせいではないんですけれども、自分はもうそういう意味ではこの会社に終身雇用で骨を埋めるという、そういうことは覚悟していますので、そこで効率化を追求して、こう 1 日を過ごしていると、まあそれ以上にもう思いが至らないというところで。

【田中】　じゃあ、もう働き方改革なんて、え？っていう感じじゃないですか。

【A55m-D】　が、今すごく変わってきて、やっと、あ、そうなんだなという、やっぱりこれが人間として豊かな生活になるんだなって感じている状況であります。

ですから、ボランティアということについて言うと、まさに最近ちょっと『ライフ・シフト』という本を読んでいたんですよ、実は。今回もう一回読み直して、人間 100 歳に必ずなる、2007 年に生まれた子供が全員 107 歳まで生きるというのを見て、要は老後というものがあり得ないというね、そこに 4、50 年のスパンがそこにもう出てきてしまうということも見て、やはりこのままではいけないなという思いは結構持ち続けているんですけれども。じゃあ、ハウというときに、何ができるかとなると、なかなか難しいねと。ですから、さっき申し上げました国際的ないろんな経験があるので、国際交流的なところでお手伝いをするとかね、例えば語学を新たに出してやれるものがあるのであれば、自分も多分楽しいでしょうし、切り口になるかなと思っていますけれども、まだそういう状態ですので、ちょっと反省しているわけです。

【小野】　ここ最近は、何時ぐらいですか、会社出るのは。

【A55m-D】　もう我々、7 時、8 時ぐらいには。おそくて 9 時。

【小野】　そうなんですね。何か社会貢献活動とか、会社で何かボランティア活動を推進するとなったときに、どのぐらい時間を割けそうですか、今のお仕事の状況では。

【A55m-D】　そうですね、土日はまあそういう

意味では、今は休日出社ありませんので、基本的にこの1、2年ぐらいは。あと、平日とかで今カジュアルフライデー、プレミアムフライデーとかもありますので。

【小野】　ボランティア休暇とかっていうのは、とろうと思ったらとれる感じですか。

【A55m-D】　とれると思いますよ。

【小野】　今であれば？

【A55m-D】　はい。まあ、有休もまさにそういうことですしね。せめて、そういう計画的にそういうものを設定して、自分がそれを達成すると、会社もそれを奨励するという文化があれば、随分とりやすくなると思いますよ。

【田中】　そうすると、濃密に会社だけ、仕事だけというのが少し今シフトしつつあるという感じですか。

【A55m-D】　そうですね、このままじゃあいけないなという。いや、大体企画の仕事って、我々トップにかなり近いので、ある意、我々で仕切れないというところが結構あるので、決まったらもうとことんやるということですね。ある程度上司がそこで歯どめをかけないと、もうこれは無限にありますから。

【小野】　今、部下の人たちはそういう昔のA55m-Dさんみたいな働き方ではない感じですか。

【A55m-D】　今会社自体が、そういう意味ですごくそういう時間管理について、いい意味で変えていこうという時代に変わってきたので、それがかなりきいてきていると思うんです。だから、すごく休暇もとりやすいし、コミュニケーションもよくなっているし。

いや、ほんとう、半年ぐらい、やっぱりすごく変わってきたなと思っていて。というのは、何か結構意見が出るようになったんですよ、若い人から。何かこう主体的にやってくれるような感じ、余裕が出て。今までは、もう肩にこんな重荷があって、とにかく1、2で済むのを10調べるみたいなのがあるじゃないですか、とにかくもう完全にしておくみたいな。すると、もうそれでへろへろになってね。今は1、2プラスアルファぐらいやっておこうやというので、ある程度折り合いつけてやっているので。すると、こう余裕が出て、ちょっと逆にこうユニークな意見が出たりとかね、言わなくてもやってくれたりとかね。

【小野】　変わるもんですね。

【田中】　じゃあ、A55m-Eさん。

【A55m-E】　□□部に今年1月からおりまして。私そんなにボランティア活動をずっとやってきたわけではなくて。　社会貢献とかボランティアということに関しては、いわゆるこれからの分野というんですか、興味があります。で、まあもちろん経済的な収入みたいなものがもちろんあると思うので、できるだけ長く働いて、収入は確保したいんだけれども、やっぱりこう何か社会とつながりというんですかね、いつまでも必要とされていたいみたいな、あるいは役に立っている実感みたいなのが、会社離れちゃうとなくなっちゃうのかなみたいな、ちょっと不安みたいなのがあって。

これまでの経験なんですけれども、もちろん奉仕の精神みたいなものは薄かったとは思いませんけれども、実際に何かそういうのに携わる機会ってあまりなくてですね。で、ちょっと今回出席するので思い出そうと思ったのは、まずは2件でして、両方とも会社絡みなんですよね。最初は□□部で、地元のお祭りに人出せと言われて、これボランティアじゃないですよ、アサインメントですから。若いやつ行ってこいって言われて、お祭りでおみこし担いだり、いろんな接待所の下働きをやったりですね。町内会の方にものすごい喜んでもらって、もちろん若い人ってあまりいなかったので。まあ、飲みなよみたいな感じで喜ばれた経験みたいなのはものすごいあって。

【田中】　地元のおじいちゃんたちですか。

【A55m-E】　そうですね、地元のみこしで。20年、30年弱前ですね。で、お祭り要員で行ったんですけれども。すごい喜ばれたというのはね、よく来たねっていって、喜ばれたというのが、非常にうれしかったのを覚えていまして。ただ、仕事を離れたら、またみずから行っているわけじゃなくて、わずか1、2年のことですけれども。

で、時間飛びますけれども、XX国のとき、XX国の現地職員の、マネジャーですけれども、ボランティアとか社会貢献活動に熱心な部下がいまして、私に何かやりましょうと言ってきて。それまで、寄附とか災害の支援みたいなことはやっていたんですけれども、そうじゃなくて、自分たちの会社の人をリソースを使ってやらないと、汗かいてやらないと、ほんとうに貢献しないんだというようなことを……。

【田中】　それは現地社員ですか。

【A55m-E】　そうですね、で、まあ私が□□部長だったんですけれども、拠点長にかけ合って、拠点長も非常に理解があって、やるなら仕事じゃなく土日にちょこっとやるんじゃなくて、ウイークデイのワーキングタイムにやろうぜという話になって。年6回ですかね、結構やったんですけれども、6回

ほど社内で呼びかけてボランティアを、始めたんですね。

【田中】　何をやったんですか。

【A55m-E】　いろいろアプローチがあったところから選んだんですけれども、私が直接行ったのは、独居老人のおうちの清掃というのがあって。XX国も結構少子高齢化で、独居老人も結構あって。公団住宅みたいなのがあって、住むところはあるんですけれども、おひとりなんですよね。で、体が不自由とか。そういうところに、何か食べ物届けたり、清掃したりする NPO があって、そこに申し込んで。そうしたら、何月何日何号室、何とかさんとかいうのを見つけてくれて、そこにみんなでバケツとあれを持っていって、部屋をきれいにするのをやったりとか。

あとは、体が不自由な方が外出できないので、車椅子を押して水族館に 1 日行くとか。付き添いがないと、ちょっと入れないんですけれども。それから、ちょっと知的障害がある、そういう施設にクリスマスプレゼントを持ってサンタになって行くとかですね。毎年違うんですけれども、年 6 回やっていまして。どちらかというと、企画サイドだったんですけれども、自分でもそういう清掃活動に行ったりとかして、やっぱりすごい喜んでもらえるんですよね。必要とされているというんですかね、やってみてよかったです。

【田中】　参加は結構されたんですか。

【A55m-E】　すごい反響がありまして。結構、毎回十数人、だから年間で言うと、延べでいうと数十人ですけれども、若干リピーター固定する傾向はありましたけれども、結構初めて来たとか、あるいは上が積極的だったので、まだ行っていない部署はないのかみたいな話になってですね。おまえ、行っていないだろうみたいなことで、上の人が行くと、じゃあ、私もみたいで、結構ひきずられてじゃないですけれども、皆さん来られていますね。

【田中】　これ、プログラムも上手につくっているんじゃないですか。

【A55m-E】　ええ。で、ちょっと本題に戻るんですけれども、よく考えてみたら、私がやっていたのは会社で何かそういうのがあって、まあ行けと言われたり、自分が行く立場になったりして行ったので、やっぱり会社が何かプログラムを見つけてきたりとかして、こういう機会を提供するというのは、きっかけとしてはものすごいあるのかなと思います。社会貢献活動をやって、XX国でもそうなんですけれども、怪しいのはやめようぜという話ですね。

【田中】　そうなんですよね。ウイークデイの働

いている時間でやったんですね。

【A55m-E】　そうですね。それが、こだわりで。土日に何かみんなが篤志家やるんじゃあ、ちょっと会社として姿勢としてどうかと、やるんだったらウイークデイだといって、まあそれは拠点長ですけれどもね、当時のうちの拠点長が言って。金曜日の午後とか多かったですけれども。1 日はやめようぜといって、さすがに。半日ですね。

【小野】　ボランティア休暇か何かを使うんですか。

【A55m-E】　いやいや、もう完全にそのプロジェクトに参加しますといって。上司の了解を一応とれよと言っていましたけれども。

【田中】　もうお仕事の一環で行くと。

【A55m-E】　はい、もうそれはだから出勤扱いになる。一番上の拠点長は、やろうぜという感じだったんですけれども、結構 GM というか、部長レベルでは、サボりを助長するんじゃないかとかね。リピーターが固定すると、特定のメンバーだけいつも抜けて、ほかのみんなにしわ寄せが行くみたいなことだとか、結構いろいろノイズがあって。でも、やってみたら、今も続いているということは、それなりの意味があることだと思いますけれども。

XX国って大きいといったって、100 人、200 人ぐらいの組織なので、鶴の一声でできるんですけれども、ちょっと東京では厳しいかなと、それはちょっと思いますけれども。ただ、会社がスクリーニングなり提供したのがあれば、安心してボランティアができるのかなと。

【田中】　それは大事ですよね。お待たせしました、A55m-F さん。

【A55m-F】　A55m-F です、よろしくお願いします。関心としましては、こういったボランティア等はもちろんございます。で、自分の経験上から言いますと、仕事で触れた部分とプライベートと、まあ 4 つぐらいあるんですけれども、1 つは仕事では、3.11 の後、国内の拠点のまさに支援部隊だったので、A 社東北を中心にまずは物資の、いろんなグループからの物資をかき集めて、A 社東北経由で拠出するという、その業務を担当しまして。その後、全社で何が東日本大震災に向けてできるのかというの取りまとめという任務をいただきまして、当時はほんとうトップと密に打ち合わせをしながら、全社からアンケートをとって、どういうことをやれるのかというようなことをまとめた経験がございます。その中で、特に産業復興支援ということでは、漁業の関連が何かできないかということについては、私はいろんな案件の営業部会と知恵を絞りなが

－102－

ら手掛けたという経験がございます。

あとは、プライベートなんですけれども、これはその約6年半ぐらい前からなんですけれども、私どもの会社でウオーキングに対して奨励する制度ができまして、毎日歩いた歩数とかを専用のネットに登録すると、そのポイントがたまって、それで健康増進するというプログラムを、それのパイロットのときから私もそれに参画をして、健康維持を見直しまして。

それ以来、毎日歩くようにしていたんですけれども。道端を見ると、たばこのポイ捨てが幾つかあるので、これを毎日朝拾おうということで、それは平日毎日、6年半続けていて。これはもう自分だけでやっていることなんですけれども。

それ以外は、自宅を買ったときに、マンションの理事会というのが、16人ぐらい集まるんですけれども、輪番でやってよということで、理事会の理事長をやったんですけれども。その1年間の経験って、ものすごく地域との接点だったりとか、ものすごくこう全然会社と違うところで、そういう社会貢献的なことが地域のつながりでできているんだということがあって、その後は終わってからも年に2回ぐらいの飲み会とか、そういうつながりを大事にしながらやっているんですけれども、それが3つ目。

あともう一つは、娘が中学生になって、夏休みに必ずどこかのボランティアの経験をしなさいと、それをレポート書きなさいというのがありまして、それで私はだから、送り迎えとその申し込みだけを手伝ったんですけれども、□□区なんかは中学生向けにいろんなNPOなりの、あるいは公共の施設でのボランティア活動というのをメニューにして、そういう子供たちに短期でいいからそれを経験するというプログラムがあるので、娘もそういう、ほんとう1日、2日ですけれども行って、すごくいい経験をしているのを見て、ああ、こういうような、まずそういう体験でハードルを低くできるやり方があるんだなと、自治体もそうやって頑張っているところがあるのかなというのは学んだので、自分自身もいつかはそういう形で、体験してみたいなと感じました。

あと、自分自身の将来のイメージなんですけれども、私もA55m-Dさんほどかどうかわからないけれども、仕事するのはすごく好きなので、この先、もちろんどこかいつか定年が来ますけれども、会社が必要として、役割機能を期待してくれる以上であれば、もちろん働きたいというのはあります。

ただ、じゃあ会社から離れたとしても、できれば

まだ子供も中学生と大学生なので、そこまではしっかりリターンを経済的には家庭にもたらさなければいけないので、それはやりたいんですけれども、それとパラレルで、まずは休日にはいろんな活動というのはやっていきたいなと。スポーツという意味では、会社には□□のクラブがございまして、入社以来結婚するまではずっと打ち込んで、子育て十何年間は離れましたけれども、また2011年に復帰して、今はその活動をシーズン中はずっとやっています。

何かそういう人材育成だとかボランティアの中でも、昔は□□も教えていましたので、□□という技能を使ったボランティア。それと、あとはIT関連部署に全部で6年ぐらいいましたから、今IT教室とかパソコン教室とかありますけれども、そういうようなところだったりとか、あとは今やっている環境保全のスキルですね、これはもう世界共通でいろんなところで使えるので、そういったことを使った何か社会貢献ということも、やれればいいかなというイメージを持って、今活動はしています。

昔は、それこそ土日出勤とか、子育てでほんとうにばたばたしていましたけれども、ある程度今は土日はしっかり休めるようになりましたし、時間も子育ての部分も大分フリーになってきたので、ちょっと次のパラレルにいろんなやりたいことというのを並行して、スキルを積んでいきたいなと思います。

会社の制度としては、何らかのそういったボランティア、それを後押しするような仕組みみたいなことは、ぜひやっていったらいいんじゃないかと、僕個人的に思っています。

【田中】　あと10分ちょっとになったんですけれども、ここからフリーという形で質問したいんですけれども、もう既に皆さんの中で、将来のこんなことをやってみたいというところがご意見が出ているんですけれども、少しだけネガティブな質問をさせてください。年齢が近いので、許していただけるかなと思うんですけれども。

人生65か100歳かわからないけれども、あと2、30年どうもありそうだと。そこのところの過ごし方ですよね。このまま退職した後に、自分が社会に生かされているような意思と役割を持って、65以降も過ごせるのだろうか、あるいはちょっとそれがなくなって、うまくつくれなくて、不安になっちゃうんじゃないだろうかとか。

【A55m-B】　不安ですよ。

【田中】　やっぱり不安ですか。私は正直、不安なんですよ、自分は。

【A55m-B】　何か僕なんかは、もうずっと営業

やっていたから、ある意味、不器用なんですよね。だから、会社員しかできないみたいな、普段。うまく言えないですけれども、ちゃんと会社に勤めている限りは楽しく仕事もやっているし、一応成果も出せる自信があるんですけれども、そういう機会をもし奪われたときに、何ができるやろうというのはすごい不安ですね。

【A55m-D】　僕はあまり不安はなくて。というのは、気づいていないだけかもしれませんけれども、62、3でやめるというか、こともあるし、丸々行けば65まで、それはもうそこまで走り切るという、走り切った後の話ですよね。いろんなことを知りたいなと思って、学びたいなという気持ちがすごくあって。逆に、もっと勉強したいなという気持ちがすごく強くなっているんですよ。だから、それって一生できるじゃないですか。だから、できるかわからないけれども、大学に入り直すとか、もっと勉強し直すとかって。そういうのがね、ちょっと昔はそうじゃなかったんですけれどもね。最近、いや、勉強するのって昔より楽しくなってきたなと思って。

【A55m-C】　やっぱりだんだん年とってくると、それなりの蓄積ができてきますよね。で、人脈も増える。そういう中で、A55m-Dさんや僕なんかは、やっぱりこう社会とかかわるような仕事をしていますので、在外活動もしかりでね。

　今、人とかかわっていくというねことが嫌いじゃないので、有償、無償別にすれば、社会とはずっとかかわっていけるだろうなという自信めいたものが、できるかどうかわかりませんよ、実際は。でも、自分の気持ちとしては不安にはならない。稼いでいけるかといったら、それはもうめちゃくちゃ不安ですけれども。経済的な問題を抜きにして、社会とのかかわりということであれば、全然不安ない。

【田中】　なるほど。皆さんはどうですか。もっと楽しくできそうだなとか、やりたいこといっぱいあるとか。

【A55m-E】　私も10年ぐらい前は、とことん働き尽くして、その後はゆっくりほんとうにゴルフ三昧じゃないですけれども、はあーとのんびりしたいと思っていたんですけれども。もしかしたらそういうのもつかの間のことで、その後はやっぱり朝起きて行くところがないのはちょっと寂しいというか、何かなっちゃうんじゃないかなという不安という意味では、不安がちょっと最近芽生えてきているという感じですよね。それは、仕事に行ってもいいんですけれどもね、収入を求めて。ただ、それちょっと違う、ちょっと今の延長線上なので、もうちょっと違うかかわり方をしたいなという。

【A55m-F】　私はもう長期で、やっぱり100歳まで□□をして、110までというのはずっと決めているので、だから。

【田中】　筋力がもつかどうかですね。

【A55m-F】　そうそう。ただし、明日事故で死ぬかもしれないという覚悟はちゃんとしながら生きていますけれども。だから、そういう面での不安というのはあまり。ただ、経済的には不安をずっと、子供たちをしっかりやらなきゃいけないから、それまではしっかり稼がなきゃいけないというのはあるんですけれども、それ以降はやりたいことというか、社会とのかかわりは幾らでもチャンスはあると思っていますけれどもね。

【小野】　今日聞いていて、ちょっとほかの世代と違うなと思ったのは、今までの蓄積をもとにこれからも、それを何か糧に活動を広げていったりとか、深めていったりとか、つながりを増やしていったりとかいうようなイメージで、私は今日聞かせていただいたんですけれども。下の年齢はもう全然違うことをやりたいとか、もうこれじゃなくてこっちとか、そんな感じの人も結構いたんですね。その辺は、私の今の感覚で合っていますかね。

【A55m-B】　逆に言うと、全く違うことをやる気にならないというか、やれないというか。だから、そのいろんな営業やっていましたから、貿易もやったし、国内もやったし、スポーツデータを売るみたいなちょっと変わったこともやっていたので、売ることはもう何でもできると思っているので。だから、売る品物が変わっても、それはできると思う一方で、僕って営業以外はできへんやろうなという感じはあるんですよね。

　逆に、今までと違ったことをやれって言われて、例えば企画やれとか言われたら、もう絶対無理ですから。もうできない。

【A55m-C】　そういう意味合いでは、今中小企業というのはすごい人材不足なんですよ。そうしたら、我々が引退して、A55m-Bさんみたいにいろんな営業を経験されている方なんかは、中小企業で高い給料さえ求めなければウエルカムですよ。中小企業の支援、何かチャンスは幾らでもありますよ。

【田中】　そういう意味では、売れるってすごいことだと私は思っているんですけれども。NPOだとか幾つかの経営組織にかかわっているんですけれども、何が彼らの欠点かというと、キャッシュフローを全然つくれないんですよ。で、やっぱり非営利であろうと、お金が回らなかったら絶対続かないんですよね。でも、ものすごい下手くそです。

【A55m-B】　結局ね、営業というのは、僕が思

うのは、単に売るだけじゃないですよ、何でもそこそこやっていないとできないですよ。だから、経理知識も法務知識も運輸知識も、それぞれかなりのレベルでも、まあそんな突出してすごいエキスパートじゃないんですけれども、それを全部知った上で相手がどう出てくるかとか、そういうのを見ながらやるというのが営業なので。

【田中】　なるほど。だから、やっぱり営業をしていたというところに、どういうスキルがあるのかという分解していったほうがいいかもしれないですね。

さて、ちょうど時間になったんですけれども。もし、最後にこれは会社でやったほうがいいんじゃないかとか、あるいは区役所だとか自治体がやってくれたらいいんじゃないかというような、仕組みとか制度とか支援とか、もしあれば。

【A55m-F】　紹介するだけではなくて、会社としてできれば、例えばここのNPOさんに休日ですけれども、ボランティアで行くんだったら、そこのNPOへのでもいいのかな、何かそういう助成だったりとかね。

【田中】　マッチング・ギフトですね。

【A55m-F】　マッチングだったりとか、それをサークル活動でやるんだったら、そういうサークル活動への何か懇親会でもいいけれども、何かそういう会社から補助があってもいいかもというのは。

【田中】　あれですね、リーバイ・ストラウスがそれをやっていますね。サンフランシスコでやっていますね。

【A55m-F】　なるほど、なるほど。部活動も、昔はみんなからお金を得て一部そういう活動補助というのがあったんですけれども、今なくなっていて、どんどん部活動もシュリンクしちゃっているんですよね。

【田中】　でもあれですよね、会社が奨学金で寄附するというのがありますけれども、社員が自分でそのボランティア先を見つけてきて、社員が会社の寄附先を選ぶというような感じですよね、今の発想だと、マッチングするということは。

【A55m-B】　何かNPOだけじゃなくて、会社が事務職の方もそうですけれども、何か働き口でもいいしね、NPOでもいいし、何かどんどん紹介するようなことは考えてほしいですね。

【田中】　そうですよね。

【A55m-A】　僕、キャリアコンサルの今勉強しているんですけれども、ハローワーク、それからキャリアインサイト、この辺は退職後の方がある程度利用するようなイメージね。例えば会社の中で、こ

ういう道筋があるよというのを、在職者に対してやる役割が、もしかしたらキャリアアドバイザーかもしれないけれども。そういう意味では、キャリアアドバイザーは少なくともキャリアコンサルの資格を、取るまでもなくとりあえず勉強しておくとかね。単なる世論相談ではなくて、やっぱりそれなりの機能を果たすような能力を持っておいてほしいなというようなね。

【田中】　すいません。大変貴重なというか、楽しいお話をありがとうございました。ストレートにいろんなお話を聞かせていただいて、あ、こんなことを考えているのかって、またちょっと発見がいろいろありましたし、やっぱりジェネレーションで違うね。

【小野】　一番熱かったです、この年齢が。

【田中】　すごいエネルギーです。どうもありがとうございました。

A社座談会　55歳以上（女性）グループ
平成30年2月9日

【田中】　　A55f-Aさん。自己紹介からお願いいたします。

【A55f-A】　　入社して、まだ10年近くぐらいです。入社したときから□□をやっています。大学を卒業して、□□社にいまして、20代で死ぬほど働いて、ぎりぎり死なずに。あまりにも楽しかったので死ななかったんでしょうね。

　やめてからは、自営で仕事をしていまして、15年ほど。私の意識は会社員ではない時間のほうが圧倒的に長かったので、年金への不安もすごくありますし、企業年金がない分、多分そこから先をどうやってというセカンドキャリアの考え方は、おそらくこの中ではものすごくレアケースなんじゃないかなとは思っています。だから、どこからセカンドを始めるかということをもう考えていますし、60になってから、全く新しいことをやるわけにはいかないだろうと思っているので、そろそろそれを考えて、じゃあどこからエンジンを入れますかと。

　そういうときにということで言うと、会社には兼業をオーケーしてもらわないと困りますというふうには思っています。そうじゃないと、何ていうのかな、次は始まりようがないんですよね。なので、そこら辺は多分、そこが圧倒的に皆さんとは違うところかもしれませんけれども。

　自営で仕事をしているときなんかは、NPOとかNGOとかとのかかわりは、おのずから増えるんですよね。そうすると、おのずとそういう意識の高い人たちが周りにいろいろいて、引き込まれそうになるのを、食えないので、そっちの仕事はせんと言って。（笑）いや、だってもうほんとうにボランティアなのか、仕事なのかわからないぐらいになっちゃうんですよね、仕事は仕事、ボランティアはボランティアって切り分けないと、という生活をずっとしていたので。

　そういうところにたくさん知り合いがいたりするので、セカンドをどういうふうにしていこうかなというときには、必ず当時の人脈が結構入るなとは思っています。具体的に言うと、そこにも書いたんですけれども、学校の総合的学習の時間とか、そういうことで教えたり、自治体と組んで、働くってどういうことなのかみたいなのを、子供たちに教えるような活動をしている人たちって、結構NPOであるんですよね。なので、そういうのに頼まれて、じゃあ編集者って、本をつくるってどういうふうにす

るのとか。子供たちは本は読んでいますけれども、どういう人がつくっているのか知らないので、そういうのの授業を出前でやったりとか、子供たちにやらせたりとかというのをやっていて、そういうのはおもしろかったですし、子供たちが生き生きしているので、それだけでお金はもらえなくても、こっちが元気になれるというような体験もしているので、それが単に意欲ということだけではなくて、収入にもつながればなおさらいいのになというようなことは思ったりしています。

【田中】　　ちなみにですね、対価がない仕事というのは理解しがたいという、無償というのはちょっと納得いかないという意見が出てきていたんですけれども、このNPO、NGOとかかわり方にもあると思うんですけれども、そこの対価というものは無償、あるいは対価が出るというのと、こだわりますか、ここは。

【A55f-A】　　個人でいったら、こだわります。対価があったほうが、当然優先順位は高くなる。ただ、人のモチベーションということでいったら、対価は関係ないと思いますね。給料が高いほうが人が動くのかというと、そうではないとは思いますね。

【小野】　　例えば、先ほどのボランティアといったらね、先ほどおっしゃったように、無償というような気がするんですけれども、NPO、NGOによくかかわっていらっしゃっていたら、そこで有給で働いている方も結構たくさんいらっしゃるじゃないですか。そういうのは視野に入れる感じですかね。

【A55f-A】　　そうですね、そういうのはもちろん視野に入りますね。

【小野】　　ここに募金って書いてあるんですけれども。

【A55f-A】　　街頭募金、あしなが育英会の募金活動を学生のときにずっとやっていました、駅前で立つやつ。

【田中】　　どうしてずっとやっていたんですか。

【A55f-A】　　何でしょうね、大学に入って、あしなが育英会のそれこそボランティアの子たちが大学に訪ねてきて、誰か手伝ってもらえませんかっていうのを頼まれたときに、時間だけはたくさん学生だからあるから、お金は募金できないけれども、労働でボランティアすることはできるという話をして、ずっとやっていました。

【田中】　　結構でもね、街頭でやるのって勇気も要るし、疲れるし、いくら時間があったとしても。どうして続いたんですかね。

【A55f-A】　　何でしょうね。多分、私は人間ウオッチングがおもしろかったと思っています。ティー

ンエイジャーのときに、この人がお金を入れてくれるんじゃないかと思う人が、入れてくれるのかどうなのか。（笑）いい身なりをしているおじさんが、果たして入れてくるのか。

【田中】　当たりました？

【A55f-A】　いや、私は、偉そうなおじさんがたくさん入れてくれるのかと、お財布に多分たくさん入っているだろうから、こういうおじさんが入れてくれたらいいのにと思って、そっち向いて声をかけるように言うわけですよ。でも、そういう人はしてくれないんです。で、当時得た私のあれで言うと、意外にOLさんみたいな、そういう若い女性のほうがお札を入れてくれるなと思っていました。びっくりしました、それは。自分が持っているお金の量に見合ったものを募金するのでは、人はそうではないのだと。

【田中】　募金ってそうですね。

【A55f-A】　ここに、寄附をしようという気持ちは、持っているお金の高ではないものを入れているというのは、すごく勉強になりましたね、子供のときに。

【田中】　楽しかったですか。

【A55f-A】　そうですね、つらかったですけれどもね、ただ立っているのは。でも、おもしろいと、そういうのがおもしろかったので、きっと毎年2日間ずつ、秋にやっていたような気がします。

【田中】　なるほど。今はどこもかかわってはいらっしゃらないんですね。

【A55f-A】　そうですね、今はかかわっていないですね。なので、今はお金で募金をする側。

【田中】　今でも寄附しているんですか。

【A55f-A】　そうですね、そういうのぐらいしか、時間がない状況になっちゃったので、今は会社員になってからは、募金をすることで時間にかえさせていただいています。

【田中】　ちなみにね、そろそろ準備をしようかなとおっしゃっていましたけれども、何か具体的なプランがあるんですか。

【A55f-A】　それこそ、60歳の定年になってからだと、ちょっとめっきり疲れるようになってしまい、体、肉体的に。なので、ちょっとこのままほんとうに60歳まで働くんですかと、会社で、会社勤めをするんですかというふうに思うようになったというのがあります。それは、新しいことを始めるには、ちょっとエンジンかけなきゃいけなくて、疲れるだろうなというのが容易に想像できるようになったので、そのスタートダッシュを60とか65から切るのはちょっと厳しいなと思っている。なの

で、早目に自分に元気がある間に、そしてやりたいというところが少しでもイメージがあるならば、そろそろかじを切るのがいいのではないかなというふうに、この2、3年思っているという感じです。

【田中】　でも、思っていても、あっという間に時間が過ぎちゃうんですよね。

【A55f-A】　そうなんですよね。

【田中】　でも、A55f-Aさんのこれは、おっしゃっている通りだと思います。よくわかります、ほんとうによくわかります。ほんとうにね、目は見えなくなるしね、疲れるしね。では、次にA55f-Bさん。

【A55f-B】　私は、入社して同じ部署で、□□職でいろんな地域を担当させていただいています。

実際、私は30代ぐらいからボランティア活動をやっていて、どんなボランティア活動かというと、最初は国内の留学生とか外国人のサポートをやっていたのが、だんだん海外で日本文化を紹介するという活動に発展していきました。

もともとは、入社して5年目ぐらいに、担当している地域に遊びに行った際、日本語が流暢な現地社員のスタッフその当時の所長さんから紹介してもらい、いろいろ観光に連れていってもらい、サポートしてくれて楽しい経験をしました。

日本に戻ってきたときに、当時はまだ日本は全然閉鎖的というか、外国人に対する標識もなく、意外に外国、観光客に対しあまり親切な国ではないなというのを痛感し、自分は海外でお世話になったので、逆に今度は海外から来た人のお世話ができたらいいなと、ふと思い立ちました。

たまたまそういうタイミングで1989年の横浜博覧会あり、そこで語学ボランティアを募集していたんですね。会社で働いていても、あんまり英語を使う機会もないし、英語を学生時代勉強してきたので、言葉がさびない様に勉強する機会を作っておけば忘れないのではないかという、下心もありました。

そうやって、いろいろ活動しているうちに、日本に来る留学生が結構差別されていて、かわいそうな思いをしている現状を知りました。留学生のうちの9割方がアジアの人だったので、差別され日本を嫌いになって帰る人が大半だと聞いて、すごいショックでした。

留学生を支援する活動の一環として、交流パーティーを月1回やっていたので、私もとりあえず参加しいろんな友達ができ、交流する中から日本のことを紹介しようと自分の家に招き、一緒にひな祭りを企画し、意味を説明しながらパーティーをする等重ねていくうちに、人脈も広がり様々な意見を聞け

－107－

るようになりました。

　他にも語学ボランティアを募集をしていたので、その組織にも入れさせてもらい、JICAなどの外国人研修生に対して鎌倉とか横浜とか、ガイドをしていました。そこでもいろんな国の人とお友達になり、日本の生活に溶け込めず結構寂しい思いをしている現状を知り、日本の社会について説明し、海外との違いなど意見交換をしたりしました。また、本来の日本を見てもらおうと、観光地以外にもいろいろな所へ連れていったり世話をしているうちに、彼らが帰国する段になり「今度時間があったら、遊びにぜひ来てね」と言ってくれたので休暇を使い海外に遊びに行くようになりました。泊めてもらったお礼に日本文化紹介をしようと、私が習っていた生け花とかお茶とかを海外で披露するようになり、そのうちに大学で講義をするまで話が発展していきました。2004年には、XX国に事務所長として同じ部の人が赴任していたのですが、「A55f-Bさん、そんな活動をやっているならXX国でもやらないか？航空券とかは出せないけれども、来てくれたら、ホームステイ先を探してあげるから、どう？」と言われ行ったことのない国なので観光のつもりで行ってみました。

　行ってみると大使や大使夫人に紹介され、大使夫人と一緒に教育機関を回り日本文化紹介を行いました。翌年から2年後、3年後とまた来てくれませんかと言われ私としては自腹を切り頑張って、4年間、毎年1回ずつ、出向きました。だんだん紹介する内容がレベルアップしていく中で金銭的な問題が出てきました。一番のネックは日本から持ち込む荷物の超過料金。着物や茶道具など重量があるのでエコノミー料金で安く行くにはいかに重量を減らすかという点が悩みどころとなりました。

　さすがに4年目に行った際には「もう来年以降は来れません。」と、大使館の方に言うと、私が帰国してしばらくしてから大使が当社の役員と面談した際「XX国ではA55f-Bさんにはほんとうにお世話になってます」と話され、後日その役員の方から「A55f-Bさんに対して大使はすごく感謝されていたが、何をしていたのか？」と質問があり、もう自腹を切れない事情を説明しました。すると「一社員にいつまでも自腹切らせていていいのか？」と関係者に話をされ、次に大使館から依頼がきたら私の部署で3年間ぐらいは出張扱いとなり、私費で活動を続けなくても良くなりました。その後社内で検討され2015年からは正式に会社の社会貢献活動になりました。今後は会社として戦略的に攻めたい国で活動することになり営業や現地からのリクエストに応じて派遣される活動になりました。それで、ちょうど昨日、XX国から帰ってきたばかりなんです。

【田中】　じゃああれですか、業務命令という形になって、お仕事の一環として行っているんですね。

【A55f-B】　はい、海外出張として、行くということになり、年に大体2回ぐらい、いろいろな地域に行くようになりました。

【小野】　1週間ぐらいですか。

【A55f-B】　そうですね、大体1週間から10日間ぐらいな形で。遠くばかりになっていますけれども、最近。

【田中】　対象地域を選んで、イベント組むわけですよね、きっと。生け花だとか、お着物着せて見せるとか。その辺のプログラムは、A55f-Bさんを中心にやっていかれているんですか。

【A55f-B】　最初のうちは、私が過去行っていた活動のノウハウがあるので、企画をすすめるために所属部と兼務となり、現地の大使館や現地事務所に連絡をとり、スケジュールを決めていきましたが、会社として行う活動であれば、私が担っていた仕事もどんどん他の方に引き継ぎ、後進に伝えて行く方向で進めています。現在は兼務が解かれ私は単にパフォーマーという形で行くような形になりました。

【田中】　だから、兼務がかかっている時期があったんですね。

【A55f-B】　ありました。出張前は準備でほとんど本業ができないぐらい忙しくなったこともあります。1人でXX国やっていたときは、10年間やっていましたので受け入れ側ともツーカーで、「もうこれでお願い」と言えば、向こうで全部お膳立てしてくれ、そんな状況に慣れていたのですが、毎回いろんな地域に行くとなると、大使館もなれていなくて、丁寧に説明をするのに時間を要し話がまとまるまで大変でした。

【田中】　A55f-Bさんに2つ質問なんですけれども、退職後はまた何かやっていきたいと思いますか。

【A55f-B】　せっかくこういう活動もしているので、退職してからでも、来てくださいねと言ってくれるようなところがあれば、行くとは思いますが、自費活動となるとどこまで続けられるのかが課題になると思います。特に海外での活動となると費用もかさむので、か、自分の蓄えを削ってみたいなことになると老後が心配だなと思ったりもします。今後、どうしていきたいか、その辺も念頭に考えなければと思っています。

【田中】　もう一つは、すごいこうXX国に続け

て行ったりとか、そのほかもでもずっと続いている
じゃないですか。その続いている理由、あるいは動
機って何ですかね。

【A55f-B】　おそらく、経験した人なら誰もが言
うのですが、現地に行くと、日本のことが好きな人
がこんなにも沢山私達を待っていて、みんな目をき
らきら輝かせ、「素敵な時間をありがとう」とか、
人によっては手紙に片言の日本語で、それは何か幼
稚園生が書くような字ではありますが、「ありがと
う」と書いて渡してくれたり、そんな現地の人と触
れ合うことによって、自分は日本人でよかったと思
える瞬間が嬉しい。また現地の人をもっと喜ばせた
い、もっと何かやってあげたいなと思うからなので
はないでしょうか。モチベーションというか、やる
気というか、何かそういう所につながるのかなと思
います。

【田中】　　ありがとうございました。じゃあ、次
の方にお願いしたいと思います。次、A55f-C さん、
お願いします。

【A55f-C】　　私は入社して□□で、1 回退職して、
そのときは 2 年間ぐらい仕事から離れて、家のこ
とだけをやっていた時期がありまして。そのときに、
そういえばボランティアやっていたなというのを
思い出しました。

　それは、その退職する前から、□□というところ
の事務局の仕事を頼まれて、そこで英語の書籍を日
本語に翻訳するとか、あとは何か研修ベースの運営
の研修会の 1 泊 2 日のプログラムの会場手配から
何から何から、あ、やっていたな、そういうことっ
ていうのを思い出しました。それは、仕事をちょう
どやめたときに、自由な時間があったところでやっ
ていたんでしょうね。

　それで、2001 年にもう一度仕事を始めて、2003
年ぐらいまでやっていたのかな。結局、仕事のほう
も忙しくなってきて、なかなかそちらのボランティ
アのほうに割く時間もなくなってきたというのと、
いろんなタイミングがあって、そこの事務局のボラ
ンティアはやめたんですね。その後、今は 2013 年
から□□に異動しまして、今の仕事になりました。

　今の仕事になってからも、ボランティア活動やり
たいなという気持ちはあるけれど、時間がないと
いうこと。でも、今住んでいる地元と自分がすごく
切り離されているというか、会社に来て、毎日働い
て、夜帰って、寝る。朝、ごみ捨てて会社へ来ると
いう。ごくごくたまに、平日休んでまちの中に行っ
てお買い物に行ったりすると、知らない世界がそこ
にはあるわけですよ。もし、震災とかもあって、あ
ったときとかも、ちょっとこの近所の人たちと私、

どういう関係があるのかなとか、これから先もずっ
とここにもし住んでいくんだったら、何か寂しいな
とかいうのを特に強く感じました。

　感じて、焦っているんですけれども、今は時間が
ない。ただ、ボランティア休暇というのもうちの会
社はあって、ボランティア休暇とりましょうなんて
宣伝しているんですけれども、私実は 1 回もとっ
たことないんです。なので、ボランティア休暇をま
ず今年、2018 年度はとろうというのを自分の目標
に掲げて、今何かできることはないかなというのを
探しているところです。

　それを、地元だけではないなと、今世の中でボラ
ンティアはどんなことが求められているのかなと
いうのを勉強しようと思って、子供食堂の運営をし
ているところの現場を見に行くというような勉強
会に参加して、行ったりしているところです。

　多分、私みたいに、やりたいなと思っているけれ
ども、どこに声をかけて、何を活動したらいいかわ
からない、きっかけがない人というのはいるんじゃ
ないかなと。で、うちの会社って、ボランティア活
動って社員の自発的な活動を勧めるというか、邪魔
しないというかその程度で、積極的にそれをどうし
ましょうということは、今まであまりそういう雰囲
気ではなかったんですけれども、違うんじゃないの
かなというのを私は今感じていて。何か私が始める
きっかけになるようなことを、ほかの社員の人たち
にもそんな何か、例えば体験プログラムをつくって、
その後は自発的に参加ができるものにつなげてい
くようなものとか、できないかなというのを今ふつ
ふつと考えているところです。

【小野】　　地元でやっぱり居場所というか、自分
のつながりみたいなものが今見つけられなくて、ち
ょっと寂しいというお話だったんですけれども、自
分の住んでいる地域で何か根づきたいというよう
なイメージをお持ちなんですかね。

【A55f-C】　　そうですね、ほかのところでやるの
はできるなとは思うので、何か見つければできるな
という感覚はあるんだけれども、今住んでいるとこ
ろと切り離されているなというところが、ちょっと。
子供のころは、子供会とかあったじゃないですか、
近所に。子供会があって、近所のおばさんとかと、
もうすごいかかわっていてとかいう。今住んでいる
ところは、おそらく周りが団地だからだと思うんで
すけれども、そういうのがなくて。

【小野】　　もともとあまりない感じなんですか、
その地域自体は。

【A55f-C】　　もともとないかもわからないこと
が、ちょっと居心地悪さにつながっているのかもし

れない、子供がいないからだと思うんですね、主人と2人暮らしで、それぞれ仕事をしていて。子供がいないから、学校とのつながりとかがあれば、多分そういうのもまた違うのかもと思うんですけれども。

【田中】　昨日、宮崎の美術館でボランティアをやっている人たちとお話をしたんですけれども、ほとんどみんな退職してからやっているんですけれども、全く同じことを言っていましたよ。だから、おっしゃるとおり、A55f-C さん、特に長い時間を過ごす場所が地域社会になったときに、そこにどうかかわっていくかって大事になりますよね。

【小野】　移住も含めて考えていらっしゃるということですか。

【A55f-C】　沖縄に移住した人の話を聞いたんです。70歳で引退して沖縄に、それは女性一人なんですけれども、移住したんですって。それで、モノレールから歩いて3分のところで、家賃は5万円以内だし、生活費は安いし、みんなやさしいんですって、沖縄の人って。（笑）そう考えたときに、今住んでいるところに、そもそも何のかかわりもないんだから、移住しても同じだと思ったの。行った先でつくればいいのかもとか。

【田中】　ありがとうございます。それでは、A55f-D さん。

【A55f-D】　私は2006年に今いる□□部に入りました。

　ボランティアは、皆さんみたくすごく積極的ではなかったんですけれども、一番のきっかけは自分が入院したときに、看護師さんとかにすごいお世話になって、今でもちょっとうるっとなっちゃうんですけれども、それにすごい感動して、仕事に戻ったときに、たまたま会社のCSRが、その当時はすごいボランティアを紹介してくださっていて。

【田中】　それは何年ぐらいの話ですか。

【A55f-D】　1997年とかぐらい。たまたま病院のボランティアを見つけて、ああ、ちょっとこれやってみようと思って、それで5年間ぐらいやったのが一番長いボランティアだったんですけれども。

　それからは、私ほんとうにすごい積極的じゃなくて、あまり自分からこういろんなところに見つけるというのが、ちょっとそこまで行くような積極的さがなかったので、例えば今後のボランティアのために手話やってみませんかとか、あと目の不自由な方の付き添いとかの教えていただいたり、あとは朗読とか、そういうことをやってきたんですけれども。

　なので、今はちょっとそういうのがあまりなくて、そういうのを会社に頼ってきてしまっていたので。

なかなか自分でというのが、ちょっとできないタイプで。

【田中】　でも、探すのは大変ですよ。ボランティアの紹介は、最近はないんですか。

【A55f-D】　最近はあまりないですね。

【田中】　60以降になって、ボランティア活動とか、何かこう活動をこういうものというのは、イメージとしてはおありになりますか。

【A55f-D】　何かやりたいなというのはすごくあって、ただ、そのときの自分の状態とか、何かあったときにどうなんだろうという不安とかもあったりするので、あまり具体的にはどうこうというのがないんですけれども。ただ、2年少し前に父が亡くなって、母が1人になってしまったので、地元といっても車で10分ぐらいで行けるところなんですけれども、そこは一軒屋がバーッと建ち並んだところで、でも同じぐらいの老人ばかりが住んでいるようなエリアなんですね。

　それで、そこに住むようになると、やっぱりつえをついたおじいさん、おばあさんがリュックしょってお買い物に行ったりとかしているのを見ると、何か自分が車運転できるから、何人か集めてどこかまでだったらお買い物行けますよとか、何かそういうのができるかなとか、そんなことがぼんやり思っている感じで、ですかね。

【田中】　ちなみに、差し支えなければなんですが、再雇用制度は利用される予定はあるんですか。

【A55f-D】　かなり日によってぐらぐらしているんですけれども。（笑）ほんとうに。一応あるので、使えるんだったら使いたいなと。でも、やっぱりきっぱりやめて何か違うことをしたほうがいいのかなと、今日に日にぐらぐらしていて。あと、先輩たちの話を聞くと、さっきも話に出ていたけれども、テレビという人、ほんとうにいるんですよ。なので、ちょっとそれはやっぱり自分が嫌だなと思うと、何かしなきゃなとは思うんですけれども。

【小野】　再雇用って、フルタイムで何日間とか、何か選べるんですか。

【A55f-C】　やめるから再雇用していたのと同じだけの退職金を前倒しでもらえて、辞めるか、フルタイムでやるかという2つに分かれる。

【田中】　再雇用制度の5年をね、そこを助走期間にしてほしいですよね。

【A55f-A】　ちょっとそういう感じの制度には今なっていないですね。

【小野】　そこの部分も兼務はだめなんですね。

【A55f-A】　全然だめです。

【A55f-C】　今のところは、そういう話は全くな

いですね。

【A55f-A】　だから、ゼロサムにどうしてもなっちゃう。

【田中】　そのぐらぐらするのは、何でですかね、体力とかきつくなるから？

【A55f-D】　それもありますね。何か通勤時間とかも私すごい長いほう、かかっている人なので、これをあとほんとうに２、３年後、続けていけるのかなって。今だったら、社員だからこう頑張ってやらなきゃなって思っているんですけれども、うん。あと、与えられる仕事とか、どうなのかなとか思ったりすると。

【A55f-C】　おもしろくなさそうにしている人をよく見るからね。（笑）

【A55f-A】　おもしろそうな人を見ないという。

【小野】　何か男性は聞いていると、お子さんがまだ学校卒業していないから働き続けなきゃいけないという人が結構いましたね。

【田中】　やめるわけにはいかないという。

【A55f-C】　自由に選べるほうが、逆に悩みがあるかもしれないですね。

【小野】　会社の中にいて、何かこのままある意味、つまらない仕事に時間を費やしているぐらいなら、お金もらってやめて、次に新しいおもしろいことを自分で働いて始めたいなというようなイメージなんですね、おそらく。せめて、おっしゃっているような助走期間で、50代からはオーケーだよとか、何かそのぐらいの柔軟性は必要かもしれないですね。非営利とかだったらいいとかね。

【田中】　で、いつも小野さんが40、50からやっていないと、何か遅いみたいに言うと、私も何かぐさっとくるんです。（笑）でも、でももう一つチャンスがあるとしたら、この再雇用の５年かなと思うんですよね。

【A55f-E】　確かに第２の人生で、どこまでのことをやるかって、でも個人差があって、フルでガーッとやりたい人のためにはやっぱり40からやっていかなきゃいけないのかもしれないけれども、あんまり器用じゃない人は、多分会社にいるときは100％会社だと思うんです。そこから、だけどその先生きていくための助走期間があれば、新しいことに向けた、違う方向性に向けて準備期間があって、そうしたら一応自分が死ぬまでのことを考えながら生きていけるのかなと。

【田中】　おっしゃるとおりだと思いますね。

【A55f-E】　私も50代になってそういうことを考えるようになりましたね。

【小野】　このぐらいの年齢層になると、私たち

が話したことが、結構皆さんぴんときて、話も盛り上がるんですけれども、40代とか35以下だと、もうみんな何の話？みたいな感じで。

【A55f-E】　価値観も変わってきますよね。私自身も考えられなかったので、その人たちに考えろというのはちょっとかわいそうな話で。それよりも、元気な60、70の方いらっしゃるから、そういう人たちがいい前例をつくって、多分まだ50代とかだったら力を持っていらっしゃる方がたくさんいるから、そういう人たちがベースをつくって、それに賛同する考えの人たちで文化に変えていくと、多分30代、40代の人も何をやっているんだろう、あの人たちという気持ちを持ちながらも、何かそこに入っていったときに、ああ、これか、あの人たちがやっていてくれたことはって、思ってくれるんじゃないかなって。

【田中】　だんだん理解してくるということですよね。

【A55f-A】　その年にならないと、わからないことってありますよね。

【田中】　私もだって40代で、全然退職後のことなんて考えなかったですよね。

【A55f-E】　私も何か、働くということはお金を得ることだって、この会社で教わったので。でも、そういうものなんだ、働くということはって、骨身にしみて思っていたんですけれども。

やっぱりそれこそちょっとボランティアをやってみたりとか、あといろんなことを、社会のいろんなものを見たときに、ほんとうに豊か、人生が豊かになるというのは、お金を稼いで充実感あることも豊かの一つですけれども、それ以外にも豊かであるって、ああ、あの人の生き方豊かだよなって思う、お金を持っていないのにそういうふうに思える方々を目にするにつれて、あ、ああいう豊かさを持っていかなきゃいけないなって、自分で思うようになったので。

【田中】　そう、だからね、どうして続くのって聞いたときに、お金じゃないことをいっぱいもらっているじゃないですか。

【A55f-E】　そうですよね。だから、すごくA55f-Bさんとか豊かな人生だなと思うし、A55f-Dさんがやられていたボランティアとかと、併用してやっていかれているのもすごく豊かだなって。だから、ほんとうの豊かさというのを、ちょっとこの後は見ていきたいなってすごく思って。

【田中】　そうですよね。地域社会でもいいし、自分が頼りにされているとか、ありがとうって言われるのは、実はすごく重いんですよね、人生にとっ

ては。でも、気がつくのは結構後になってから。

　すいません、それでは A55f-F さん、お願いします。

【A55f-F】　　A55f-F です。これまでに出向の機会が 2 回ありまして、この 2 回で、結構当社をわりと客観視できたことが、私にとってはすごくよかったかなと思っています。

　ボランティアということに関しては、実は小さいころに、うちにはクリスマスがなかったということから実は始まるんですけれども。うちにはクリスマスがない、どうしてって聞くと、母は、うちは仏教徒だから。（笑）という答えが返ってきた。で、私たち、3 人きょうだいなんですけれども、年末、我々を NHK に連れていくんですよ、車で。

　何をするのだろうと思いきや、歳末助け合いというのを、年末になると NHK はいつもやっていて。で、父が言うには、クリスマスのプレゼントをあなたたちはもらうのではなくて、あげるほうになりなさいと。で、そこでボランティアをしたのが最初でしたね。なので、毎年年末になると、その NHK で歳末助け合いみたいなことをやっていました。

【田中】　　それは、何歳から何歳ぐらいまでやっていたんですか。

【A55f-F】　　そうですね、多分私は小学校低学年で、始まりのところはあまり意味わからずだったと思うんですけれども。

【田中】　　寄附をするということなんですか。

【A55f-F】　　そうですね。プレゼントを親が用意してくれる、そのお金を私たちは稼いでいるわけではないので、そのお金をもらって、自分たちの名前で寄附をする。だから、父親が寄附をするのではなくて、あくまでも私たちが寄附するというのをやったのが、わりと早いころだったので。そういう意味では、そこにあった写真とかが、海外の恵まれない子供たちだったりしたということが、わりと今子供にかかわるボランティアをやっているというのは、多分そういうことがあるのかなと思います。

　大学生になると、時間があるので、何かやれることないかなと見たときに、そのころはフォスタープランというふうに言っていて、いわゆるフォスターペアレントというのが日本側にいて、寄附をするわけですよね。その寄附を受け取る子供たちが海外のいろんなところにいて、その 2 人の間でレターの交換をするんですね、お手紙を書き合う。ただ、その言葉がお互いにわからないので、その間に入る翻訳ボランティアというのが必要で、私はその翻訳ボランティアというのを大学のときにやっていまして。

社会人になって、頑張ってやったんですけれども、社会人 2 年目で。忙しくてやっていられないという感じで、もうずっとそのボランティアからは遠ざかったんですけれども。

　次に、ボランティアの機会が訪れたのが、97 年の冬に、ナホトカ号というのが重油を流出しまして。私が子供のころ通っていた海水浴場が、どろどろになって。で、ボランティアで海岸をきれいにする活動というのをやっていて、私も行きたいと思って、3 日、4 日有休を使って行ったんですけれども。

　行って、逆にそういうきれいにしたりというボランティアはさせてもらえなくて、結局。企業からいらしたんですねって言われて、パソコンの前に座らされてエクセルで、ボランティア参加者のリストづくりとか、全国から押し寄せてくる救援物資のリストづくりとか。

【田中】　　バックヤードですね。

【A55f-F】　　そうです。もう会社でやっていること？みたいな。ちょっと現場を見たいので、現場見せてくださいとか、お願いして行くぐらいな感じで。あと、もうほとんどずっと部屋の中に。

【田中】　　でも、これ企業人だから、すごく重宝されて。

【A55f-F】　　そう。そういう意味で、待ってましたぐらいに呼びとめられて。

【小野】　　ほんとうに欲しい人材ですよね。

【A55f-F】　　というようなことを 3 日、4 日ほどやっていました。

　5 年ほど前に、チャレンジングな仕事ばかりわりとやらせていただいていたんですけれども、そういう環境でなくなりましたので、自分なりに一足早く働き方改革というのをやりまして。それまでは会社に早くからおそくまでいて、土日ももしかすると来るかもしれないみたいな仕事、働き方をしていたのをやめまして。

【田中】　　何歳ぐらいからですか。

【A55f-F】　　それが 48、49 ぐらいですね。で、□□のファシリテーターのボランティアの募集をしているということだったので。ただ、2 日間の研修を受けないとそのボランティアはできないということで、それを受けてやり始めて、この 5 年間はずっと。ただ、月に 1 回なんですよ。なので、そんなに負担でもなく、子供たちと逆に言うと一緒に遊んでいるぐらいな感じなので、そういうことをやっていまして。

　あとは、そこが東北にもできましたので、東北のほうの心のケアということで、3 月 11 日にはここ 3 年、4 年ぐらい連続して。今年は今 4 カ所のうち

どこに行くかまだ、事務局のほうで検討してもらっていますが、というようなことをして過ごしています。

【田中】　かなりアクティブですね。もういろんなところを探して、そしてこう計画的にやっていますね。

【小野】　定年退職後もずっと何か続けられるようなものを探そうというようなイメージだったんですか、そういうわけでもない？

【A55f-F】　そうですね、でも偶然、縁もあってみたいなことだとは思うんですけれども。多分、この心のケアのボランティアだけでは、多分そんなにないので、もうちょっとそこのエリアで広げていく感じになっていくのかなと。あと、やっぱり□□の取り組みというのも、結構チャレンジングなところでもあるので、そういう意味でまあ、何か一緒につくり出していくようなことがもしあればいいなとは思っています。

【田中】　ちなみに、A社で3.11のときに、被災地に派遣をしたりしていたじゃないですか、そのプロジェクトにはご参加されたんですか。

【A55f-F】　そこのときには、そういう部隊がかなり人がかかっていたので、逆にレポートを出すというほうの仕事を。私は留守番部隊。

【田中】　またバックヤードな仕事。

【A55f-F】　していたんです。でも、それはそれで、とてもチャレンジングなレポートを自由にやらせてもらえたというところがあって。そのときの社外アドバイザーの人を巻き込んで、社長以下、部門長、皆さんとそれぞれに面談みたいなのを行って。それはそれで、おもしろかったですね。そういう意味ではよかったかなと。

【田中】　じゃあ、すいません、お待たせしました。A55f-Eさん。

【A55f-E】　私は非常に忙しい中、でも利益追求するんだという営業の精神がすごく自分には合っていて、とても楽しく働いて稼いでなんぼ、の世界でやらせてもらっていたんですけれども、私も病気をして、入院したこともあり、そこら辺から、ほんとうに豊かな人生って何なのだろうということを、考える局面がいろいろと出てきまして、お金にならないのに生き生きとされている方々を見て、感動することもあり。

あと、さっきお話に出ていた東日本のボランティアに、会社がアレンジしてくれたのに応募させてもらい、そこで3泊4日だったかな、どろどろになって働かせてもらって、人のためだけに働くっていう、お金にならなくても働くというのは、すごいそ

れも価値があることなんだなっていうのをちょっと体験しました。

でも、まあ働いてなんぼっていう、しみついた考え方はなかなか外れはしないんですけれども、皆さんおっしゃっているとおり、一体いくつまで行けるかわからないから、お金を稼がなきゃいけないという気持ちはある一方、でも食べていけるだけあればいいよねと。そうはいっても、自分の気持ちと、あと体、体力的なことと、心の豊かさと、それとの兼ね合いながら生きていかなきゃいけないんだろうなと思って。そこで、お金にならない仕事、人のために役立って自分が豊かになるような、そういうこともやっていきたいなというふうに、ちょっと今目が向いています。

が、震災のときのボランティアに行って思ったんですけれども、元気です、力になれますだけだと、役に立たないことがあるというか、やっぱり仕事もそうですけれども、専門性があったほうが、より役に立つことがすごくあるんだなということを思い知りまして。学生さんたちのボランティアだったら、体力ありますっていうので、ガテン系のことでどれだけでもやることがあるんですが、体力がなくなってきている自分にそれはもうできないので、専門性が生かせる方がたくさんいらっしゃるんですけれども、私の場合、ちょっと翻訳は無理だよなと思ったりとか、そういうのでどういったことで人の役に立てて、自分も豊かな老後というか、そういう人生を描けるのかなということを最近思っていて。

そう思うと、専門性を、どうやってこれから持っていかなければいけないんだろうみたいなことを今考えているところです。

そういう意味では、さっきから田中先生や小野先生がおっしゃっているように、助走期間というんですかね、新たな専門性をつける時間というのがあればいいのかなということを、お話を伺っていて、ちょっと私も今勉強を始めたいなと思っていることがあって、ただ会社の仕事をしながらだと、ほんとうに寝る時間を惜しむことになりまた体が大変みたいな、そういうスパイラルに入っちゃって、そこのところが実は悩みどころではあります。

【田中】　じゃあ、身につけたい専門性、あるいはそれをどこで勉強したいかなという具体的なイメージを今お持ちなんですね。

【A55f-E】　はい。まだどこまで行けるかわからないんですけれども、ちょっと興味があるなと思うものができてきたので、それをやっていきたいなと。多分それでは食べていけないので、そうするとボランティア的なところにいっても、そういう力を出せ

—113—

たらいいなとすごく思っています。

【小野】　あれですよね、今何も私は専門性がなくて、役に立つものがないとおっしゃる方が結構いらっしゃるんですけれども、おそらく A 社で働いている方の段取り力とか、事務処理能力というのは NPO、NGO の人からしてみたら、もうびっくりするぐらいできるはずなんですよね。だから、それは自分自身で認識していないだけで。

【田中】　だから、ほんとうにマッチングってとても難しいので。何が向いているかって、自分で言うって難しいと思うんですよ。まして、ボランティアをやったことがないのに、何のボランティアできますっていうのは難しいので、そこはコンサルテーションがすごい必要ですよ。

【A55f-E】　日本人のネイチャーとか、今まで1つの企業にしかいなくて、与えられるものばかりである程度生きてこられた人にとっては、自分からとりにいくのって、結構面倒くさかったり、そういうのがあるので、そういうのが容易にこう選べるようなものができていると、手は出しやすいだろうし、そのさっきおっしゃっていた自分に何が向いているのかとか、何かやりたいと思っても、何がいいかわからないという人すごくいっぱいいると思うので、そういう人たちにちょっとアクセスしたら、どんどん入っていけるようなサイトなのか、何なのか。

【A55f-C】　それ、ありそうでないんですよね、ネットでいろいろ紹介しているのはあるんだけれども、よく見ていくと、何か全部もう期限終わっているじゃないみたいなのが多くて。

【田中】　あとあれですよね、たくさん出ていますけれども、どれが信用できるかというのが。

【A55f-E】　そうなんです、単なるちょっと怪しげな広告だったりすることがすごく多いので、実は結構ネットから探すのって難しかったりとかしますよね。

【A55f-C】　そこが、会社が例えば紹介して、例えば信頼できる NGO がやっているボランティアの募集とかを、こう何かリストで定期的に会社が紹介したりするというのは、それはいいと思うんですよ、そういうのがあったら気楽に……。

【田中】　そういう講習会とか、あるいは幾つか NPO を見てみて、説明会をするとかいったら、いらっしゃいます、この社内でって。

【A55f-B】　開いたらおもしろいかもしれないですよね。まあ、やらなかったにしても、ああ、こういうのもあるんだなという事例もわかって、おもしろいかなという。

【A55f-E】　ボランティアのイメージって何なんですかね、皆さんすごくやっていらっしゃるから、すごくいいイメージで、ちょっとやったことがない人にとっては、ちょっと怪しいとか怖いとか、そういうイメージが何かないんですか、ちょっと逆に伺いたいんですけれども。

【小野】　いや、確かに怪しいところもいっぱいありますよね。

【A55f-B】　ちゃんとした団体じゃないと怖いというのがあるので。だから、会社がこうやってくれると、ああ、こういうところがあるんだなという、啓蒙にはなるのかもしれないですね。

【小野】　それはそうだと思います。実際にね、玉石混交ですよね。だから、後々何か嫌な思い出しか残らなくてということだってあるので、やっぱりマッチングは大切かなって、いいところがね、紹介するというのは。

　あとは、会社としてのやりやすさというのはどうですかね。若い世代の人たちは、行きにくい、行くって言えないから、会社が行けって、上司とかが行けって言ってほしいと。

【A55f-A】　若い子たちのそのカルチャーはそれは言われないと行きづらい。で、会社の中で忙しくしていることがすばらしいというふうになっている、その価値観がやっぱり絶対だと思って。それは、やっぱり言いづらいから、いや、何かちょっと用がありましてといって有休をとる、隠れて行っているという人たちは、中にはおそらくたくさんいるでしょうし、そういうメンタリティーのほうが、おそらく多数派なんじゃないかと思いますけれども。

【小野】　その辺の呪縛から逃れられるのは、何歳ぐらいからその呪縛から逃れられるんですか。

【A55f-A】　いや、最後まで逃れられないと思いますけれどもね。女性なので、ある程度自由に考えているというところが、きっとあるんだと思いますけれども。女性のほうが、自分の立ち位置だとか、生き方だとかというのを考えるチャンスが、それをチャンスと呼ぶのか、考えざるを得ないときと呼ぶのかわかりませんけれども、それが早くに繰り返し訪れる。一般論で言えばですよ、女性なんだろうなというふうには思いますけれども。

【小野】　なるほどね。そこで、結構そういうチャンスなのか逆境かを細かく繰り返しつつ人生行くから、定年退職でばしっと終わるというよりも、また何かが繰り返していくんだろうなという感じなんですかね。

【田中】　今日の議論はやっぱりとても深くて、おっしゃるとおり、この表面的にはボランティア活動なんですけれども、根っこの問題は働き方だし、

そこにいろんな価値観がどう入ってくるかという
ところなんだと思います。どうもありがとうござい
ました。

B社座談会　35歳未満グループ（抜粋）
平成30年1月15日

【田中】　それじゃ、B25-Aさんから最初にお話をいただいてよろしいですか。まず自己紹介しながら、ボランティアへの関心ということで。

【B25-A】　□□部のB25-Aと申します。時代の流れと自分が出産したことで、この3年間ぐらい思い切り価値観が変わりました。

やっていない阻害要因みたいなものは、いざ行動を起こそうと思ったときに情報がないとか、児童館でこんなボランティアを募集していますとかという、お迎えボランティアとかが載っていても条件が合わないとかでしょうか。

最近、社内ベンチャーのコンペがありまして、そこで、私、1件プレゼンさせていただいたんです。特別賞どまりで終わったんですけれども、地域の掲示板とかでやっている子連れで行けるようなイベント情報をWEBで、アプリでつくっていこうというもので。

【田中】　ちなみに寄附先ってどうやって選んだんですか。

【B25-A】　寄附先は、当時、東日本大震災のときは、寄附先が2カ所か3カ所、社内イントラに載っていましたんで、そこにしました。あとは、震災、災害とかのときは、それを特集していたNHKにこのおばあちゃんに寄附したいですって直接電話して。

【田中】　すごいですね。次がB25-Bさん。

【B25-B】　□□部のB25-Bと申します。私は、今はボランティアというのは全然やっていないんですけども。初めて参加したボランティアといいますかNPO法人の活動というのが、□□会という、掃除を通じて経営学を学ぶという、昔、□□の創業者の□□さんという方がいらっしゃって、その方が発起人になってやっていらっしゃる会がありました。

そこに結構、地元の例えば経営者の方々、すごいたくさん集まっていらっしゃって、私も後輩たちを10人ぐらい連れていったもんですごい喜んでいただいて。

トイレ掃除なんて小学校以来やったことがなかったんですけれども。ほんとうに、便器に手を突っ込んで掃除をするんですよ。特にやっぱり見えない部分まで一生懸命こだわって掃除をすると。そこにいわゆる発見が、その過程で発見があるんだということを教えてもらって。

【田中】　どんな発見ですか。

【B25-B】　そうですね。ボランティアっていいもんだなと思った発見が2つあって。1つは地元の人々とつながって、実際にそれが仕事に生きてくるということ。そこで知り合った人々が、またいろいろなことをその人々から教えてもらって、僕も教えてあげられることがあるというつながりがどんどん広がっていったというのがやっぱり仕事で生きた経験ですね。もう1点が、実際に僕、ほんとうにずっと仕事しかしていなかったんで、仕事の話しか基本的にできない部分があったんですけども、お客さんの前に出たときに、僕、こんな活動していましてねということを伝えたりとか、実際にやっぱりそういう機会があれば、どんどん参加していきたいなとは思います。

ただ、やっぱり阻害要因としていろいろあると思うんですけども、やっぱりボランティアは発起人や参加者の思いを共有できるかが、一番重要な部分だと思う。共有できるタイミングがないとなかなか行動もできないのかなと思う。

【田中】　既にもうお答えをされているようにも思うんですけど、ボランティアのよいところの1番目として、つながりができて仕事に生きるとおっしゃっていたんですけど、生きるというのは、今、言ったように、自分はこういうことをやっているんですよということでコミュニケーションが円滑になっていくという、そういうことですか。ほかにありますか。どんなことが生きます？

【B25-B】　そういうのが一番大きいのかなと思います。違うフィールドで活躍する人からいろいろ教えてもらえるし、つながりがどんどん広くなっていく。また、仕事だけでなく社外でのつながりがあることが、人としての厚みにつながっていく。

【田中】　でも、そうか、仕事人間じゃやっぱりだめなんですね、仕事だけだと。

【B25-B】　こと、営業に関してはそういうふうに思いますね。

【田中】なるほど。では、次に、こちらから行きましょう、B25-Dさん。

【B25-D】　□□部のB25-Dと申します。

ボランティア活動はした記憶がありません。多分、強いて挙げるとすれば、小中学校で書いてあったので赤い羽根募金、そういうレベル。募金とか、そういうレベル感です。

やっぱりタイミングかなと思っていまして、そのタイミングで、例えばやる意味がはありそうだなと感じれば必然的にやるんじゃないかなと思います。あと、時間とか、仕事とか、いわゆるワークライフ

—116—

バランスを見ながらやりたくなる場面はいずれくるのかなというふうに思いました。

【田中】　何となくタイミングが来たらやりたくなるんだろうなと思わせる理由って何ですかね。やるような予感があるわけですよね、そういうときが来たら。

【B25-D】　多分、社会的な部分が大きいんじゃないかなと思います。今まさにこれをやっていることそのものもそうだと思いますけども、そういうふうな機運が、今、出てきていると思うので、自分があと10年、20年後になったときって、こういう取り組みが花開いているのであれば、必然的にそういうふうになっていくのかなと思っていて。

【田中】　すみません、1つだけ、さっきから出ているキーワードに、得るものって、確認なんですが、さっき言ったような、人とのつながりができたとか、非常に達成感があったとか、お金や知識を得るだけではなく、そういう心持ちも入っているんですかね。

【B25-D】　それはもちろんです。

【田中】　なるほど。気持ちの達成感みたいなもの、それも得るものに入りますね。

【B25-D】　もちろんそうですね。

【田中】　はい。どんどん時間がたっているんですが、次がB25-Eさん。

【B25-E】　ボランティアで言うと、長い間、小規模なNPOのお手伝いをしていて。そこで何をやっているかというと、日本に住んでいて、日本語で不自由していて、役所で何か大変とか、あるいは入管でビザの更新をしたりとか、そういったところで、日本語で不自由しているという人のお手伝いをするために、ボランティアの通訳の方の調整だとか、場合によっては自分が手伝うとかしています。当然、本業メインで、子供もいて。僕、会社の中で□□というところにいて、忙しい時期、忙しくない時期のサイクルが必ずしも会社のほかの部署の人たちと一緒ではないので、ボランティア休暇とかがないとなかなか行けないのかなと思う。

【田中】　これは、どういうきっかけで。

【B25-E】　それは、もともと僕、インターナショナルスクールに通っていて、その中で、高校のときに、外の地域のそういった学校だとか、NPO法人とか、いろいろなところと何かやっていきましょうキャンペーンがあって、それ以来ですね。

【田中】　そうすると、でも、1つの団体に、ずっとじゃないけど10年以上ずっと続いているわけですね、関係が。

【B25-E】　ええ。

【小野】　年間でどのぐらい活動されています？日数的に。

【B25-E】　日数だと、どうですかね、2、3回？今、顔を出せるのってそのぐらいですね。それで2時間とか3時間とか。

【田中】　ありがとうございました。
　次は、B25-Fさん、お願いします。

【B25-F】　B25-Eさんの後に話すの、大変なんですけども、私は対極でして、あまり社会人になってからボランティアという言葉を意識したことは正直なくて。
　1つあったのは、我々の世代って大きな震災が2つあって、阪神・淡路と、それから東日本があって。小さいときだったですけども、阪神・淡路は、親族がいた関係もあって、当事者意識を感じたというのがありまして、家族も一緒に寄附なり募金なり、いろいろな災害の中でも当事者意識を持って取り組んだというか、やったのかなというところですね。
　働き方改革で、休暇をとりましょうとという流れになってきていますので、まずはきっかけという意味で、休暇、ボランティア休暇みたいなものというのは、これは半ば強制になるかもしれませんけれども、まずやってみるというのが一つはあるんだろうなと、浸透するまではそういうのをやってみるというのもあるんだろうなというふうに思います。

【小野】　先ほどから、何度もきっかけという言葉をおっしゃっていたんで、何かきっかけがあったら前に行くんだろうなというふうに思いながら聞いていたんですね。2つの震災をおっしゃってたと思うんですけど、その記憶というのは、かなり今の自分に大きな影響を持っていますか。

【B25-F】　そうですね。東日本のときは、正直、行動としては自分は起こさなかったので、何かもっとできたことはあるんじゃないかなというのは、振り返ってみると思います。阪神のときは、まだ今みたいに携帯とかもない時代だったので、その親族と1日半ぐらい連絡がとれなくて、ほんとうに安否がわからないみたいな状況だったりもしたりしましたし、町がやっぱり壊されているというのもありましたので。

【田中】　当事者意識というのは確かに重要なキーワードですね。すごくお忙しい中でこれだけの時間割いていただいて、ほんとうにありがとうございました。

B社座談会　35－44歳グループ（抜粋）
平成30年1月22日

【田中】　それでは自己紹介をお願いします。

【B35-A】　今、□□部というところにいます。

あまり自分がボランティアをやるイメージが湧かないという感じはしています。今ボランティアをやられている方達や組織を見ても、あまり効率がよくないイメージがあります。

日本のNPO、NGOは、アクセスすべきターゲット層に、きちんとアクセスができていないんじゃないかなと思います。

その原因のひとつは、不透明性だと思っています。NPOとかNGOとかというところに対して、格付をするとかですね、そういった形できちんとここは、費用対効果としていろいろ出しているんだというふうに開示をするとか。きちんとクオリティのコントロール、及び人材の確保をやる必要があるんじゃないかなと思っていまして。

【田中】　なるほど。詳しいですね。何か具体的にどこかの団体をごらんになったんですか、見たことがあるんですよね、きっとね。

【B35-A】　海外で結構ずっと暮らしていまして、海外でのNPOとかそういうところの恩恵をいろいろ受けているとかですね、あるいはボストンマラソンやりますとかいうときに、いろいろイベントをやってくれる人たちがいるとか、非常にインフラ何なりというのがしっかりしているなと感じます。

【田中】　よくわかる気がします。私、95年にピーター・ドラッガーの『非営利組織の自己評価手法』という本を訳したんですけれども、出したときに、善意に優劣をつけるなんて許さないとかいうすごい反発を買ったことがあるんですけれども。やっぱりちょっと抵抗はあったことがあります。今は、大分変わりましたけれどもね。　なるほど、もしよかったら。ほかに何か質問ありますか。

【田中】　ありがとうございます。では、B35-Bさん。

【B35-B】　私は、ボランティアとか社会貢献活動の経験はないです。やっぱり時間がとられちゃうとかいうところもありますし。で、もう少し人間の幅を広げるために、そういうのがプラスになるんだろうなとは思うんですけれども、そこに費やす中長期的な時間とか、私の場合ですと今子供もいるので、何かそこに行くより家のことというのもありますし。

【小野】　何か自分の今やっているキャリアの中で培ってきたものでやるのか、それとも全然違うことをやってみたいのかといったら、どちらかというとどっちですか。

【B35-B】　どちらかというと、後者ですね。そういう活動をするのであれば、仕事とはちょっと離れた活動のほうが自分としてのメリットがあるのかなという気がします。

【田中】　それでは、B35-Cさん、ちょっと自己紹介も一緒にお願いできたらと思います。

【B35-C】　今、□□支店のB35-Cといいます。私は、ボランティア活動っていうとちょっと仰々しいんですけれども、CSRでやっていただいている被災地支援のボランティア活動に、数回参加させていただいた経験があります。お客様から、B社さんってどんなことをやっているのと、あるいはお客様との社会貢献に関する会話をきっかけに、私たちもこんなボランティア活動をやっています、こういう経験をしました、あの方はこうおっしゃられていましたというような会話が広がるし、何より自分にとって充足感につながると感じたと。

あと、これは営業という立場から、商品を売る際に、『あなたって一体どういう人なの』という、自分の内面の豊かさというか、厚みというか。そういうものを持たせないといけないと思う。自己研鑽という言葉になるのかもしれないです。

【田中】　では、その延長で、逆にどういうこと、環境が整えれば、もう少しボランティア活動ができそうですか。

【B35-C】　ボランティア活動をすること、あるいはそれがほんとうにいいかどうかということも含めて、まだみんなが大手を振って行ってこいよというような空気が醸成されていくことというのがとても大切だと思います。

【田中】　では、B35-Dさん。

【B35-D】　B35-Dと申します。過去の経験としては、学生時代から環境団体ですとか、大学院時代にアメリカで紛争解決の団体、卒業してすぐ環境NGOだったりとかで活動して、ニューヨークで就職して、そのときは国連関係のボランティアをしたりとかしていました。

被災地の復興支援のこととかを聞いていて思ったんですけれども、そういうのって子供を連れていけたらすごくいいんじゃないかと思うんですよね。思い出づくりにもなるし、子供にもすごくいいことだと思うので、家族ぐるみで参加できるようにしたらいいんじゃないかなと思いました。

【田中】　ありがとうございました。では、次にB35-Eさん。

—118—

【B35-E】　　　□□部の B35-E です。ずっと海外が多くて、海外だとボランティアが比較的当たり前というか、その流れでボランティアはやっています。

2011 年大震災があったときに、私は東京にいまして、ちょっと私もいてもたってもいられないという気持ちがすごくあったんですが、タイミングを探っていたところ、会社が陸前高田というところでボランティアをやると。私ずっと営業なものですから、当然どんなことが震災で起きているのかということを、自分の目で見て感じることが大事ですし、お客様の中には、結構ご自分で行かれてボランティア活動もされてという方も多いので、私も同じ土俵に乗りたいというところもありましたし、あとはもともといてもたってもいられないという気持ちで、実際自分が見て、積まれた瓦れきの山とかを見て感じることとか。

【田中】　　　海外が長かったので、ボランティアをすることが当たり前だったというふうにおっしゃったんですが、じゃあ海外の経験をする前は、ご自身は全然ボランティアしたことはなかったですか。

【B35-E】　　　やっぱりそうですね。日本にいたときは、ボランティアとかっていうのはあまり関心がなかったというか、自分の時間をそんなことに使ってもな、みたいには思っていました。

【田中】　　　わかりました。ありがとうございます。それでは、次 B35-F さん。

【B35-F】　　　はい、□□部の B35-F といいます。学生のときにキリスト教系の学校だったので、中学校とか高校のときにいろいろ活動がありました。今一番楽しかったというか記憶にあるのが、山の中に 1 週間ぐらいみんなで泊まりにいくというのがあって、それは何をやっていたかというと、木を切って、針葉樹から常葉樹に切りかえるという、そういうのをやっている人たちのところに労働力として派遣されました。あとは、ちょうど高校 3 年生のときに、神戸の大震災で神戸の高校だったので、何かやらなきゃねというので、いろんなところに行って、仕事というかお手伝いをしました。

【田中】　　　なるほど。B35-G さん。

【B35-G】　　　□□部の B35-G です。よろしくお願いします。ボランティアというよりも、小学校 1 年から高校 3 年までガールスカウト活動をして、大学に入ってからはリーダーとして大学 3 年まで。で、母も町内会の役員を引き受けてきちゃったりとか、小さいころからお祭りがあると、家の前でおでんを振る舞うと。休憩所として、おでん 100 人分用意するとか、そういうのを前日から準備するとかというのをずっと見ていたので。

あと一つ、うち自営業だったので、親の仕事をしている姿って見られたんですけれども、サラリーマン夫婦だと、子供が親の仕事をしている姿って絶対見る機会がないので、何かこういう PTA だったりとか、町内会の役員とかやると、何となくお母さんは仕事をしていると思っていて。それもいいかなと思って、そんなことをやっています。

【田中】　　　わかりました。じゃあ、B35-H さん。

【B35-H】　　　私も実は 2 児の母で、今全く時間がなくて。あんまりボランティアと言われたときに、継続してやっているものとか、定期的に出ているものってない。私中学校だったんですけれども、神戸の震災のときはニュースで見て、涙が浮かんで。で、周りの友達と募金活動みたいなことをちょっとやって、女性だからこそ困ることってあるかなとか。そういうものって足りないんじゃないかとか、そういうものを買ってみたりとか。あと、そのころって水の要らないシャンプーがちょうどはやったときで、ああいうものを買ったりとか。で、そういうどこに送ったらいいんですかって聞いて、段ボール数箱を送ったのは覚えているんですけれども。

【田中】　　　今、きっとものすごいお忙しい状況だと思うんですけれども、少しずつなれてきたら、何かかかわってみたいなとか思いますか。

【B35-H】　　　余裕があれば。でも、私の第一のプライオリティは家族じゃなきゃいけないし。なので、そこでプライオリティをつけるとなったときに、ボランティアが上がってくるかというと、どうだかはわからないです。

【田中】　　　B35-I さん、お待たせしました。

【B35-I】　　　□□部というところにいます。

今までボランティア活動というのが、1 回だけあってですね。それは何かというと、留学をするときに、いわゆるレジュメにボランティアの経験を書くといいらしいということを聞いて、義務的に行きました。その後留学して、結構違いに気づいたのが、アメリカだったんですけれども、アメリカの MBAとか来ている人は、結構ボランティアをやっていて、それは多分そもそも学校に入るためなのか、あとはある程度一定の教育を受けている人はするべきだと、そういう雰囲気が醸成されているので、そのあたりが日本と違うと。どういうボランティアをしたら、ああだこうだという話は、結構みんなしていましたね。

【田中】　　　ちょうど時間になるので、はい。ありがとうございました。

—119—

B社座談会　45－54歳グループ（抜粋）
平成30年1月24日

【田中】　　では、B45-A さん。自己紹介からお願いします。

【B45-A】　　□□支店の B45-A です。私自身、これまでボランティアといった活動に参加したことがありません。なぜそういう行動に移せなかったかというところについては、大きく 2 つあるのかなというふうに思っています。1 つは、ボランティアとか社会貢献といったときに、定義が広いですよね。同時に、社会貢献って、困っているというニーズがあって初めて貢献活動というものが成り立つものだと思うんです。貢献とかと言っているものの、自分自身の勝手で動いて、果たして自己満足になっちゃわないのか。
2 つ目は、そういう貢献活動をしようといったときに、まずやるんだったら足元でできることからやっていく、そういうところから広げていくということをやっていかないと、中途半端なものになっちゃうんじゃないかなと思います。

　　ただ、今後、退職とかして時間ができてくれば、何かこういう活動みたいなものは興味はありますよと、そういう感じですかね。

【田中】　　極めて正論ですね。おっしゃるとおり、自己満足になっちゃってるケースって少なくないです。モンスターボランティアという言葉が一時期にはやったんですけど、結構、迷惑になっちゃっているということは、それは生じ得ると思います。だから、実はおっしゃるとおり、ニーズがあるのかと言ったんですけど、やっぱり適材適所で必要な場所を見つけて必要な人を張りつけるというのが必要になってくるんですけど、自分だけで行ってしまうと、おっしゃっているようなことは起こり得るんだろうと思います。

【田中】　　定年退職後って、まだやっぱりイメージ遠いですかね。

【B45-A】　　正直言って遠いですね。

【田中】　　次は、B45-B さん。お願いします。

【B45-B】　　今、□□部にいます。まずボランティア経験についてですが、全くないです。親の介護がもう身近に迫っておりまして、申しわけないですけど全く余裕がない状況です。

　　定年後のイメージが、まだ今、差し迫ったものではないんですが、賛成は全くしてもらってないんですけど、お店みたいなのをやりたいというふうに思っているので。結局、融通のきく仕事をしておかな

いと介護がやっぱりままならないので、介護と自分のやりたいことを、無給でやるということではなくて、やっぱり有給でやるというふうに、一応、考えています。

【田中】　　それは介護とお仕事を両立するためにということなんですね。わかりました。ありがとうございます。では、次に B45-C さん。

【B45-C】　　ボランティアだというふうに仰々しくやったことはないですけども、今日、お話し伺ってわかったんですけども、、要は誰かに貢献してますよねというのが、結構、人間の生きがいの中では大事ですよね。それって別に働いてれば誰かに貢献していますよねって感じの話になるので、仕事をしている間は、多分、そんなことは感じないんですよね。

　　今、話を聞いてなるほどと、70 以降でも生き生きと仕事をしている人は 40、50 ぐらいから準備してやってますという話を聞いて、あ、そうなんだと思って、だとすると、そういうリタイア以降に、これはもう社会から孤立して、俺、もう要らなくていいんだと、きっと燃え尽きていると思うんですよね。

【小野】　　燃え尽きてる。

【B45-C】　　ただ、それはちょっと不幸な話なので、リタイア後もいわゆる会社で働いているのと同じように、世間とか社会に貢献しているようなものを紹介してもらう機会があるというのであれば、ぜひいろいろ話を伺いたいなというふうには思っています。

【田中】　　それでは、B45-D さん、お願いします。

【B45-D】　　B45-D と申します。会社に入ってからわりと仕事中心で来てまして、先ほど話題になったボランティアといえば、学校の PTA の役員とか朝の旗持ち等とか、それぐらいしか経験がないです。ただ寄附とか、そういうのは継続してきているというところぐらいですかね。

【田中】　　この寄附は、どういうきっかけで寄附をしようと思ったんですか。

【B45-D】　　会社に入って給料をもらえるようになったときに、最初に始めたのは、タイの女の子が学校に行くお金がないというニュースを見て、それで少額からでも助かりますみたいなことだったので、それで始めてしばらくそれを続けてて。その後は、あしながさんとか、交通遺児の活動とかかはします。最近は、こども食堂とかに、子供関係の。

【田中】　　寄附しているんですか、こども食堂に。

【B45-D】　　はい。

【田中】　　どうやって選びました？

【B45-D】　　そうですね、活動報告とかがちゃん

とネットで見れるところとか、テレビで取り上げられていたりとかしてて、しっかりしてそうなところだと思えるところにはちょっと継続して寄附をするようにしてます。

【小野】　　働き方改革、この2年ぐらい推進されてると思うんですけど、雰囲気変わってきてますか。

【B45-D】　　できるだけ早く帰る気持ちでいようという雰囲気になってます。帰れないこともありますが。

【田中】　　仕事はそれで支障はあります？　帰る時間、早くなって。

【B45-D】　　仕事のやり方を変えるというふうにはなっていると思うんですよね。ある程度、打ち切るためにどうするかというか。丁寧にやってたら際限なくある仕事だとは思うので、一旦切るというか、そういう意識でやるようにはなったと思います。

　だから、そういう意味では、働き方改革は歓迎なんですけど、私なんかは、子供の世代になって、働く環境が今のようなものが続けばいいなと思っていますね。

【田中】　　お待たせしました、B45-Eさん。

【B45-E】　　子供が育つ過程では、忙しくて平日は全く家族と顔を合わせることもなくということもあって、両方男の子だったのですが、土日はできるだけ一緒に過ごしたいなというのもあって。結果としてはボランティアは、やったことがないです。

【田中】　　ちなみに、まだちょっと定年退職からは遠いんですけれども、退職後にお仕事の選択肢の中にこういう社会貢献活動を例えば週に半日とか含めて見ようというようなイメージ、ありになりますか。

【B45-E】　　すごくありますが、まだ具体的には考えていないです。ちょっと偏見があるのかもしれないんですけれども、やっぱり仕事でお金をもらえるということは、何かしらの社会貢献をしてると自分に言い聞かせてるんですけれども。逆にそれがないとお金がもらえないので、そういう意味では、お金がもらえるものをまずはやるべきなのかな、というふうに思っていました。

【田中】　　今、お金をもらえるとおっしゃったんですけど、多分、お金の意味が違うんですよね。なりわいとして欲しいというよりは、何かのあかしとして欲しいという感じですかね、今の。役に立っているとか、責任を果たしているという一つのあかしとしてお金が、対価がある仕事をしたいということですか。

【B45-E】　　お金をもらわない仕事は、誤解を恐れずに言うといつでもできるのかなという気はします。お金は要らないですからやらせてくださいと言ったら、多分、断わる人いないと思うんです。

【田中】　　なるほど。ありがとうございます。

　すみません、B45-Fさん。

【B45-F】　　□□部のB45-Fと申します。育休をほとんどとっていないのでずっと走り続けてはいるんですが、そういう子育てをしながら仕事をしてきたので、やっぱりボランティアも子供絡みのボランティアが多くて。

　あと、震災ボランティアもやって、震災の年は夏ごろに4泊5日でお友達と一緒に花巻温泉に泊まって、そこから、毎朝、自衛隊の人たちとか警察の車両とワーッとつながって海岸におりていって瓦れき拾いをするというのをやったりとか。

　あと、ボランティアのマネジメントがすごい大事だと言われたと思う。企業で働いている人たちの強みは人をマネージできるんですよ。私のボランティア活動はほとんど電車でスマホでやるというぐらいと、あと、家庭訪問、ホストファミリーの家庭訪問とか留学生の面接とかもあるので、そういうのは行くけれども一、二時間とか、だから、ボランティアって実は働きながらできるというか、マネジメントさえできれば。

【田中】　　お待たせしました、最後、B45-Gさん。

【B45-G】　　□□部、B45-Gと申します。

　小学生のころから、学校が聾学校と提携をしていて、必ず運動会とかも一緒でしたし、バスケの大会とか、ボランティアのつもりもなく結構本気でぶつかったりとかけんかしたりとかしてましたけど。一緒にお米をつくったりとか、そういうことはしていました。

　何かやりたいという気持ちだけ、あって、でも、何となく何していいかわからない。ボランティア団体ってそういう政治にちょっと絡んでいたりとか、宗教に絡んでいたりとかして、どこだったら安心してできるのかわからないし。ちゃんとしたところがちゃんと働く場所を選んでくれて、この日あいてます来てくださいって言ってくれたらいいのになって思います。

　この先のことを考えると、ボランティアとかをしたら地元につながりができるかなと思って、地元でも何かやりたいなと思って区のホームページとかを見てるんですけど、全然役に立たないのでどうしようかなって思っているところで、現在進行形で何かないかなって思っています。

B社座談会　55歳以上グループ　男性（抜粋）
　　　　　　　　　　　　　　　　　平成30年2月19日

【小野】　　　それでは自己紹介を兼ねて、ボランティアや社会貢献活動についての経験や希望について、B55m-A さんからよろしくお願いします。

【B55m-A】　　　□□部の B55m-A と申します。去年の12月まで、子どもの野球チームのコーチをしていましたんで、そのコーチを 3 年ぐらいですかね。自分の子供以外の選手もいるんですけど、自分の子供のような感じでした。息子は 6 年生になるときやめちゃったんですけど、今も応援団の一員として行って、手伝いとかもしてます。

　そういう意味では、何か地域の人を、ボランティアを通して知るという非常にいい経験をさせてもらったし、これからはちょっと細々になりますけど、引き続き、続けていきたいなと思います。

【小野】　　　ありがとうございました。B55m-B さん。

【B55m-B】　　　現在、□□部にいます。率直に申し上げますと、社会貢献、ボランティア、すっごい遠い言葉です。非常にその言葉自体は距離感があります。

　じゃあ、身近で何かあったかと、1 つのきっかけとすれば町内会、あるいは子供のサッカークラブということはやってきたかなということはありますね。そういう意味で考えると、1 つ何かを介してという形での貢献というか、何かやってきたのかなということはありますが、今のように学生時代にするボランティア活動、全然ありません。

　正直言って、NPO 法人、ホームページ見てもたくさんあります。時には事件性をコピーしたような NPO 法人も出てきますと。となると、余計距離感が出ちゃうんですよね。何かおもしろそうだなーと思っても、胡散臭いのかなと。ですので、何か介さないと、ちょっとドアたたけないなというのが実感なんですよね。

【小野】　　　では B55m-C さん、よろしくお願いします。

【B55m-C】　　　今は□□部というところにおります。

　それで、ボランティアで言うと、ほとんど実はしたことがなくて、1 回、アジアの会社の活動の中で、ビーチクリーニングといって、海岸をきれいにするというプロジェクトを毎年やっていまして、それに 1 回だけ参加したことがあるなというだけですね。ただ、大学のとき、これはボランティアとは言わな

いんでしょうけど、学園祭の活動をやっていまして、これがいろいろ学内の活動、地域活動という意味ではボランティアの精神だったのかなと今思い出しました。

　これまで、20 年間以上、海外で暮らしていたんですけども、何かを楽しんでいたということは、何かを犠牲にしてきたのかな。今一気に、自分の人生に戻ってきている中で、久しぶりの日本の中で、やっぱり幾つかショックを受けたといいますか、愕然としたことがある中の 1 つは、やっぱり高齢化ですよね。やはり、移民というものを考えなきゃいけないんじゃないかと強く感じていて。多分、日本に来てくれる外国人人材も、もうすぐ来なくなるだろうと。やっぱり外国人が、日本語ができることが一番のセトルダウンと言いますか、日本でベースをつくる原点になるし、それ以外にも何かいろいろできるんじゃないかなという、いっぱいあると思うんですけども、自分はその中のどの部分ができるんだろうかということが今、自分の問題意識として強まっていますね。

【小野】　　　なるほど。具体的には、移民支援の団体を、何か支援する団体を探すとか。

【B55m-C】　　　支援というよりも、多分、日本人の教育が一番大事なんじゃないかと思うんですけど。

【小野】　　　日本人自身のですか。

【B55m-C】　　　ええ。受け入れ態勢ですね。それがいわゆる、研修制度というものを悪用して、奴隷的に使っているものが散見されたり、それからいろいろな偏見等もあり、やはり日本語をどうやって教育し、小学校にうまく入れていくかというのが多分、最大のポイントになるだろうなと思っているんですけれども、自分がそこにどう絡んでいけるかはまだわからないです。

【小野】　　　B55m-D さん、よろしくお願いします。

【B55m-D】　　　□□支店の B55m-D です。直接的に NPO だとか、ボランティアに携わったのは、支店長のとき、ロータリー活動です。

　今は東京オリンピックに向けて、ボランティアとか出てきてますけど、終わったらどうなるのか。一時的なものであって、長く続けられるような仕組みができているのかどうか。

【小野】　　　ボランティア休暇がもし入ったら、使われますか、皆さん。

【B55m-D】　　　そうですね、使う方は出てくるんじゃないですか。例えばうちの支店だと、今終わるのが結構早いんですよ。なぜかというと、支店長が帰るの早いんですよ。

-122-

うちの支店は休みもとりやすい。だからボランティア休暇があれば、こういうので休みたいと言ったら、多分支店長、どうぞ休んでくれと。頑張ってやってくれというふうな感じだと思います。

【小野】　上の方が早く帰ったりとか、休みとったりとかということを、心がけてやっていらっしゃるというような感じなんですね。なるほど、ありがとうございます。次は。

【B55m-E】　B55m-E です。今現在は□□部にいます。営業の先端で、現場でお客様と接する仕事から、全く現場とは関係ないんだけれども、皆さんをサポートする部隊になってきている中で、仕事の質も随分違うところに来ていると思っています。ボランティアという部分に関して、全国いろいろ転勤したんですけれども、家を定めると、その地域に何とか基盤をつくろうと。ちょうどそれが 40 半ばぐらいでしたので、地元に何か根っこをつくらなきゃいけないなと思ったところで、きっかけがあって、子供のサッカーのコーチをやっていました。子供のサッカーのコーチも、何が楽しいかというと、結局、親御さんの会話が楽しくて、あとは飲み会がふえてきて、そこで何かいろいろな方とつながりができてということから、じゃあ、おやじのチームをつくっちゃえみたいな。その人たちが、今度は時代を超えて、子供たちが卒業しても残るような、熱い人が大体 1 人か 2 人残りますので、そうすると、自分が戻るときには、またその人たちが残ってくれているだろうということで、種まきを少しはできたのかなというふうには思ったりしています。

サッカーもそうなんですけれども、何でもそう、今の日本のボランティアは、すごく強い思いの人がいて、その人に引っ張られて、ある瞬間は輝くんですけど、それを続ける仕組みがない。

【小野】　次、B55m-F さん。

【B55m-F】　今は□□部というところにいます。なかなか会社の仕事以外に、ボランティアみたいなものをやろうとか考える時間はあんまりなくて。

今住んでいる自分のマンションは結構コミュニティーの管理がたいへんですね。うちのマンションは 100 世帯以上あるのですけど、理事のできる人がだんだんいなくなっている。みんなお年寄りになってきて。我々の親ぐらいの世代が多分初めに購入しているので、代が変わっているところもあるのですけど、今までだと理事は 10 年に 1 回で済んでいたところ、歳を取ってとても動けないとか、あるいは賃貸に出しちゃったとかという住人が増えて最近では、3 年に 1 遍ぐらい回ってきます。私も忙しくてこれまでできなかったところがあるので、じゃ

あ続けてまたやりますという状況で、これも、ボランティアみたいなものかなと思ったりしてやっています。

【小野】　そうですね。

【B55m-F】　まずは身近なところからですね。私の住んでいるところは地域的には町内会もきちんとしていて、色々な行事をやっています。地域で運動会やったりもしているのですが、私の場合、子供が地域の学校に行ってなかったので、そういうところでの関係は持ちにくかったので、防災関係とかの集まりに出ていました。ただ、そこで何か貢献できるかというと、やっぱり時間的なものなど制約もあって無理だったので、とりあえず、やはり身近なマンションの中で出来る事をやってみようとなりました。

【小野】　なるほど。B55m-G さんですね。

【B55m-G】　□□の B55m-G と申します。ボランティアについてはですね、なかなか時間がとれないということもありますけれども、面倒とか、ほかに遊ぶこともあったりして、全くできてませんで、ただ、学生のときに応援部とかやっていまして、自分で 1 人で何かやるというよりは、人の応援したり、お手伝いするというのは、恐らく性格的には好きなほうなのかなとは思います。

【小野】　ありがとうございました。

【B55m-G】　定年は、もう少し先かなと思っていますけど、その後どうするんだとか、先を考えると、60 以降、仕事しないわけにもいかないでしょうし。なかなか具体的なビジョンが定まりませんね。

【小野】　どうもありがとうございました。

Ｂ社座談会　55歳以上グループ　女性（抜粋）
平成30年2月14日

【田中】　　　B55f-A さんお願いできますでしょうか。

【B55f-A】　　　□□部の B55f-A と申します。

【田中】　　　これからも再雇用制度を活用して、お勤めの予定は。

【B55f-A】　　　そうですね、このまま再雇用で当社に置いていただけるのであれば、そのままちょっとさせていただきたいなと思っています。

【田中】　　　ボランティアに関しては関心がない感じですか。

【B55f-A】　　　やってみたいなという気はするんですが、それをどう探したらいいのか、どういうのが自分に合うのかわからない。あと、何かやろうとしても、そのボランティアが例えば平日であったりとか、そういうふうになってしまうと、なかなか平日それで休みをとって急に行くということは無理なので。

とはいえ、日曜日とかで、全然家から一歩も出なくて、例えばスーパーに行ったときに、レジの人とかにもしゃべっちゃう。例えば何かお金とか渡して、おつりとかくれたら、ありがとうとか、1日しゃべっていない日とか。ちょっとその辺が怖いので、なるべく外に出るようにして、人と接するようにしたいなとは思っていますね。

【田中】　　　なるほど。わかりました。それでは、B55f-B さん、お願いします。

【B55f-B】　　　私は前職をやめたのを機会に、キャリアコンサルタントの資格を取るのと、あとは心理学系の大学院に行こうと思って。ちょうど間があいたので、勉強もできて、大学院に受かったんです運よく。

そうしたら、B 社の仕事を紹介され、たまたま私のもとの上司が何人かここの会社にいたこともあり、今に至ります。

【小野】　　　この、子供へのキャリア教育って、1年ぐらい。

【B55f-B】　　　たまたまなんですけれども、私の高校時代の友人が、NPO 団体をつくって、今キャリア、子供に対してのキャリア支援という活動を、結構大々的にやっていて。で、私が前の会社をやめて、あいている時期に何回か手伝ったりとかしたので、今ちょっとやっていないんですが、将来的にはまたお手伝いしようかなとは思っている。

【小野】　　　すいません、前職でやられたもので、

印象に残っているものってどういうのがありましたか、ボランティアに行かされて。

【B55f-B】　　　私はわりと子供が好きなので、その施設に慰問に行くみたいな、子供と一緒に遊ぶというのを結構やっていたんですね。で、わりと毎年毎年同じところに行くようにしていて、あとクリスマスのときとかも参加するようにしていくと、あ、あのときにいた子だよねみたいな、子供の成長も見られてすごくよかったなと思うのと。あとは、ドメスティックバイオレンスで避難をしている、シェルターみたいなところの何か子供と一緒に、ちょっと絵を描くみたいなのがあって。最初すごく子供が心を開いてくれないというか、無表情で黙っていてというのがすごく印象にありますね。

最後のほうには変わってくれてよかったんですけれども。最初の 1 時間半か 2 時間ぐらいは、ほんとうに何もしゃべってくれなくてというのがありました。

【田中】　　　わかりました。ありがとうございます。次は、B55f-C さん、お願いします。

【B55f-C】　　　□□支店に勤務しています。

【田中】　　　ずっと□□支店なんですか。

【B55f-C】　　　母が 2 年前に亡くなって今父と、父も高齢なので、毎日デイサービスに送り出すという介護もしていて、ちょっと今は異動は無理なので。

【田中】　　　それじゃあ、ボランティアどころではないですよね。

【B55f-C】　　　そうですね、やはりボランティアにね、かかる時間がないというところが、まあ今のところは本音ですね。ですけど、この間キャリアライフデザイン研修というのを受けまして、それは人生100 年時代における健康づくりというところで、□□さんが講演なさったんですね。その中で、やっぱりつながりとかコミュニティの数は 3 つ以上持とうとか、そういうようなことをおっしゃって、まさにそのとおりで。せっかく暇になったのに、ただぼーっとしている、最初に田中先生がおっしゃったように、やっぱり表みたいなのがあって、これ、大体テレビ見ている時間が多いって、そういうことをやっぱり言っていました。やっぱりそういうふうにならないために、私もコミュニティの数を今から増やしたいなというところで思っています。

【田中】　　　じゃあ、次に B55f-D さん。

【B55f-D】　　　私は今は□□というところで働いているんですけれども。

何かボランティア的なお話というと、去年、まだ現役のときに、今はもうシニアとして働かせていただいているんですけれども、研修を必ず評定上受

－124－

けなくちゃいけないみたいな、それで私が選んだの
が幾つかありまして、その中の一つが身体障害の人
とか、どうやって働いて生活していくかという研修
があったんですけれども。

　目の見えない人とグループを組んで、その人と一
緒にごはんを食べて、ミッションがあって。例えば
私が一緒に組んだ人は、全盲の方だったんですが、
どこのお店の、何かのお花屋さんでお花を買ってく
るというミッションがあったんですね。何かその経
験がものすごく私はよくて、みんなもっと研修を受
けたほうがいいなって。

【田中】　何か違う立場になってみるということ
ですね。

【B55f-D】　お食事に行くと、やっぱり見えない
人はどういうものがあるんですかって、お店の人に
まず聞いて何か、ああ、もう全部新しいことづくめ
というか、え、こんなことを私たちはなぜ気がつか
なかったんだろうって思って。すごくよかったです。

【田中】　今は再雇用されていらしていますけれ
ども、地域の活動とかボランティア活動に参加して
みようと思われますか。

【B55f-D】　今再雇用になってみたら、仕事が前
と同じで、土日も疲れちゃって、何かそういうふう
にまでなかなかあれなんですけれども。でも、何か
資格を取って、やっぱり介護の資格とかああいうも
のを取って、人のために携わるのもありかなと思っ
て、そういうちょっと資格を取ったりとか、そうい
うのには興味があります、将来的にね。

【田中】　では、B55f-E さん。

【B55f-E】　ボランティアというのは、やっぱり
やりたいと思うんですけれども、時間的な制限、制
約もありまして、あまり時間がないのと、まあ少し
書きましたけれども、基本的には寄附とかは継続的
には、ユニセフとか毎月やるようなのは幾つかやっ
ていて。

【田中】　マンスリーサポートとかですか。

【B55f-E】　そうですね、はい。あとは、それ以
外はちょっとしたスポーツとか、あと地域のボラン
ティアとかを少しやっている程度だと思います。若
干、ボランティア活動については、心理的な葛藤と
いうのがあって、やっぱりやるからには、自分が、
さっきおっしゃったように資格を持つとか、ある程
度のバリューを持ってやりたいというのがあって。

【田中】　この書いていただいた書類を見ると、
2015 年から 18 年にチャリティーマラソンの補助
参加、あと地域活動と書いてあって、結構バリエー
ションがあるんですけれども、これは。

【B55f-E】　時間的な制約からすごく簡単なこ
ととしかやっていないという感じですが、そんなに継
続的にすごくやっているわけではないですし、まあ
どの自治体でもちょっとしたものって簡単にでき
るようなこと、ほんとうの補助的なものというのは
あると思うので、まあそんなようなものにはどうし
てもなってしまっています。

【田中】　この地域での活動というのは、例えば
どんなことをやっていますか。

【B55f-E】　まあ、何か土日とかにみんなで海岸
をお掃除しましょうとか、そういうの。

【小野】　どこで見つけて応募されるんですか。

【B55f-E】　それは、何か市役所とかで何となく
募集をしていたりするので。

【小野】　そこの今住まわれている地域で何か募
集していたら、それに参加しようという感じでとい
う感じなんですね。

【B55f-E】　はい。ただ、そうは言うものの、会
社とかで主催してもらえると、やっぱり会社って人
生のかなりの時間を家庭よりも長いような時間を
投入してやっていて、知り合いもある程度多いので、
そういうところで多分リタイアメントした後でも、
何かそういうものを参加させてもらえたりすると、
こうすごくやりやすいというか、いいのかなみたい
な気はしますね。

【小野】　ありがとうございました。

—125—

JILPT　資料シリーズ　No.215

生涯現役を見据えたパラレルキャリアと社会貢献活動

―企業人の座談会（ヒアリング調査）から―

定価（本体1,000円＋税）

発行年月日	2019 年 6 月 28 日
編集・発行	独立行政法人 労働政策研究・研修機構
	〒177-8502　東京都練馬区上石神井 4-8-23
（照会先）	研究調整部研究調整課　TEL:03-5991-5104
（販　売）	研究調整部成果普及課　TEL:03-5903-6263　FAX:03-5903-6115
印刷・製本	有限会社　太平印刷

©2019　JILPT　　　　　　　ISBN978-4-538-87215-5　　　Printed in Japan

＊ 資料シリーズ全文はホームページで提供しております。（URL:https://www.jil.go.jp/）